不登校・ひきこもりが終わるとき

――体験者が当事者と家族に語る、理解と対応の道しるべ

丸山康彦

照林社

本書は発行元がライフサポート社から照林社へ変更しました。

『不登校・ひきこもりが終わるとき』２０２２年２月15日発行（初版第６刷）と同一の内容です。

もくじ

第2部〔実践編〕

はじめに

「いろいろな本を読みましたが『ごかいの部屋』がいちばん参考になります」（親御さん）

「不登校・ひきこもりという実体験に即して考え抜いた中から、誰にでも通じる普遍的な内容を具体的な言葉で語ってくれる」（支援関係者）

「出版されたら当事者本（当事者・経験者が書いた本）ナンバーワン！」（ひきこもり経験者）

――このような好評の声に支えられ、創刊12年目に突入しているメールマガジンをご存知でしょうか。

「ごかいの部屋～不登校・ひきこもりから社会へ～」

（「まぐまぐ」「メルマ」「めろんぱん」より配信）

高校時代に不登校状態のため卒業まで7年かかり、大学卒業後にひきこもり状態のため社会復帰にやはり7年かかった私が、2001年から「ヒューマン・スタジオ」という相談室を開いて1年後の2002年に創刊し、2013年200号に到達したインターネット上の読み物（定期配信物）です。

ひきこもりとその後の勉強や支援活動の期間という長いブランクを経て「ヒューマン・スタジオ」を設立した私にとって、「ごかいの部屋」は、インターネットに精通した当時のスタッフに「宣伝になる」と勧められて創刊した、広報の一手段にすぎないものでした。不登校とひきこもりで相談にいらっしゃるのはほとんど親御さんですから、読者層も当初から親御さんに絞って、親御さんに向かって語る文体で執筆し配信していきました。

ベースとしての自分自身の過去の実体験のうえに積み上がっていく実践経験のひとつひとつが意味するところを考察・追究しながら書き綴る「体験的不登校・ひきこもり論」を掲載する「ごかいの部屋」は、いつしか広報手段というより理解と対応のテキストとして、冒頭のように親御さんや関係者の方々はもとより、読者層に想定していなかった当事者の方々からもご好評の声が上がるようになり、登録読者数も右肩上がりに増えていきました。

そんな折、愛読者でもあったライフサポート社の佐藤信也社長から出版のオファーをいただき、それから数年経ってようやくご期待に応えるはこびとなりました。

今や170本を超えている「ごかいの部屋」に掲載した文章。本書にはそのうち3分の1弱の50本余りを収録しました。創刊から10年の間に書いたなかから、本質的な内容で、なおかつ好評をいただいた文章を中心に選んだものです。

書いた当時と現在とのタイムラグや各文章の整合性と連続性など、書籍化にあたって考慮すべき点を踏まえ修正を加えてありますが、基本的に、メルマガの文意を収録してあります。

なお、「ごかいの部屋」でも本書でも、子どもが学校に行けない状態を「不登校」と、おとなが社会参加できない状態を「ひきこもり」という用語として使っています。しかし、「不登校」と「ひきこもり」はあくまで状態名ですが、論じるうえでは便宜上使わざるを得ないと考えてのことですので、あらかじめご了解のうえお読みください。

お子さんの不登校やひきこもりにお悩みの親御さんをはじめとするご家族の方々はもとより、不登校・ひきこもりに対応している教育・心理・福祉・医療の関係者・関係団体の方々――本書のサブタイトルの中の「当事者」とは、そのような方々を含めていますーーが、理解と対応・支援の参考書の一つとして、個々の状態や場面に応じて随時参照できるよう常にお手元に携えて末永くご活用いただければ、これにまさる幸せはありません。

序章――〝願い〟と〝思い〟を受け止める

春は、新しい年度の始まりです。不登校状態からの進級進学や留年などで新しく出発する人、ひきこもり状態からアルバイトや仕事を始める人、そのような目に見える進展がない人……など、それぞれの人生を歩まれていることと思います。

本人またはご家族からご相談を受けていて、結果的に本人が進級進学を果たしたケースのなかには、年明け前の時点では「今の状態では目標が高すぎる」として、目標を達せられなかったときの対応も周囲が想定していたケースもあります。

結局その必要がなくうまくいった、つまり、「無理しているからといって必ず挫折するとはかぎらない」というケースだと言えます。

もちろん、これで全面解決だと断定できるかどうかは誰にもわかりません。「ホームランを打ったが試合はまだ続いている」といったところでしょうか。いずれにしろ、大きな一歩を踏み出した本人の決意と努力に拍手を送り、前途に幸あらんことを祈っています。

私は10年以上にわたり、メルマガを通していろいろなことを書いてきましたが、そのすべてを貫いている論旨は**「不登校やひきこもりの人への対応は、本人の願いや思いを前提に判断され実行されるべきである」**ということに集約できます。

逆に言えば、対応は周囲の願い——多くは「学校/社会への復帰」——を前提に判断され実行されるべきではない、ということです。

そのため私は「本人はこんなことを思い、あんなことを願っていますから、それに沿ってこういう対応をしてはどうでしょうか」と提案することになります。

こう申し上げると、「〝学校／社会に復帰しなくてもいい〟と無責任に煽っているのか？」と誤解されそうですが、そうではありません。

と申しますのも、不登校やひきこもりの人の多くは「学校になんか行くもんか」「社会に出ずにすむならそうしたい」どころか、往々にして「学校／社会に復帰したい」と願っているものだからです。

つまり、周囲が願わずともほかならぬ本人自身が「学校／社会に復帰したい」と願い、そしてそれを実現しようとするわけです。このことは「本人が無理な目標を設定している」と私が感じても、それをクリアする人がいる、という冒頭のお話からもおわかりいただけるでしょう。

「それだったら話は早い。本人と周囲の願いが一致しているのだから、学校／社会への復帰めざして一緒にがんばればいい」ということで話が終わりそうですが、事はそう簡単ではありません。

私が前提にすべきと考えている「本人の願いや思い」は、そこから先の話なのです。

「本人が復帰を望んでいるから復帰させてあげているのだ」――不登校の子の学校復帰やひきこもりの人の社会復帰を推進している教師や専門家や団体の方の、そんな発言や文章をよく見聞きします。

確かに、前述のとおり本人の多くは「学校／社会に復帰したい」と本気で言います。その言葉に嘘偽りはこれっぽっちもありません。

しかし、それなら本人たちはなぜ、担任の先生やクラスメートやメンタルフレンドの訪問を嫌がるのでしょうか。なぜフリースペースなど支援の場に行けないのでしょうか。なぜ就労支援を利用しようとしないのでしょうか。

そして何よりも、なぜ学校／社会に復帰しても楽になれない人が少なからずいるのでしょうか。

このように考えていくと「学校／社会に復帰したい」という、本人たちの「願い」の奥には、自分でも気づいていない「でも……」という「続き」があるとしか思えないのです。

先ほど私は「本人の願いや思い」と「周囲の願い」というふうに、本人には「願い」のほかに「思い」があることを示唆しました。

「でも」から始まる「続き」が、この「思い」に当たる部分です。

それは「でも復帰できない」という〝現状を訴えるもの〟だけではなく「でもまず自分を創り直したい」「でも周囲に合わせるのではなく自分に合った生き方がしたい」「でも導かれるのではなく自分の足で歩きたい」「でも学校／社会への違和感と折り合いがついてからにしたい」などといった、複雑な心境や深い欲求も含まれています。

ですから、それらをも包含した奥行きと深さのある「願いと思い」をすべて認めて受け止めることによって、本人は初めて楽になって元気を取り戻し、自分の主体的な意思で学校／社会とどう向き合っていくかを決めて実行することができるようになるのではないでしょうか。

それとも「思い」を認めずに「願い」だけで頭がいっぱいのまま、脇目も振らずまっしぐらに突き進んで復帰を果たしたほうが、その先の人生に深い納得と肯定感が得られるのでしょうか。

私は「願い」と「思い」のどちらを否定しても、本人は楽にならないように思います。したがって〝願いと思いの葛藤ロード〟を歩み続けて自分の生き方を見出したときに「自分の生き方に何が必要か」を自問した結果「学校だ」と判断すれば学校に復帰すればいいし「仕事だ」と判断すれば仕事に就けばいい、それでこそその先の人生に深い納得と肯定感が得られる、と考えるのです。

この「人生に深い納得と肯定感が得られる」ということを究極の目標に据えて相談援助業務にたずさわっていて見えてきたものを、これからお示ししていきます。お子さんの状況に合った提案を見つけてください。

第1部

入門編

不登校・ひきこもりという〝生きざま〟にむきあう

不登校やひきこもりを「生き方」と表現する支援者が多くいます。確かに、不登校やひきこもりを「問題」としか認識できないのは誤解ですが、だからといって「生き方」と言われても、何となく自分の実感と合いません。

なぜなら「生き方」ということばには、不登校やひきこもりになることを、自らの意思で選んだようなニュアンスがあるからです。たぶんそういう不登校やひきこもりの人は、ほとんどいないでしょう。もし選んだとすれば、それは意思によるものではなく、無意識からの指令によるものだと表現するほうが適切です。

私自身は不登校を運命的なものだったと感じています。なぜなら、不登校が終わったあとの高校生活で、私が体験した思い出深い出会いや活動は、その前の不登校がなければありえないものばかりだったからです。

つまり私の不登校は、さまざまな体験ができる時期を迎えるための準備期間、言い換えれば〝天の配剤〟だったわけです。


しかし、こうした〝運命論〟だけでは、人生の出来事は表現しきれません。そこで私は、**不登校やひきこもりを「生き方」ではなく「生きざま」と表現**しています。自らの意思によらず、いじめなどで否応なしに選ばざるをえなかった道、あるいは、気がついたときには選んでしまっていた道が、不登校でありひきこもりである、と私は考えるのです。そして、その道をひたすら歩いている、つまり不登校やひきこもりを生きている、それが彼らにとって生きているということであり、そのときにはわからないがいずれわかる何かに向かって、ひたすら歩いている。

――「生きざま」とは、そういう意味です。

第1章　理解に必要な人生観・子ども観とは

生きる道はひとりに一本ずつある

「生きる道はいくつもある」ということを言う人が増え、不登校を肯定する理由のひとつになっています。ただ「道はいくつもある」と言ったときの「道」のイメージに注意する必要があります。

一般的に〝子どもの生きる道〟と言ったら、大通り（メインストリート＝通学している子どもたちが歩いている道）と、裏通り（横道・細道＝不登校の子どもたちが歩いている道）のふたつがイメージされて、不登校の子は「横道にそれて道に迷っているかわいそうな子どもたち」と見られ、「早くメインストリートに戻さなければ」

と考えられています。これが現代の〝常識〟です。

それに対して「横道だろうと細道だろうと、道は無数にあるのだ」とか「メインストリートが良いと思うほうがどうかしている」などといった、不登校を支持する人たちの〝脱常識論〟が〝常識論〟と対立したりします。

一方、私は「道」にもうひとつのイメージを提案したいと思います。

私が人生を道にたとえるなら**「道はひとりに一本ずつ用意されていて、人は自分だけの道を、生まれてから死ぬまでひたすら歩き続ける」**というイメージになります。

各自に一本の道しかない以上、人は横道にそれたり（逸脱）、回り道したりということはありえません。誰もが、ひたすら一本の道を歩き続けているのです。

そしてその道には、平坦な部分、デコボコしている部分、石や雑草だらけの険しい部分、出口の見えないトンネルの部分、などがあります。

したがって、歩いている限り、誰もが険しい道を通過しなければならない時期があるわけです。

通学している子どもは、平坦か、多少デコボコしているくらいの道を歩いているといえます。そのなかで苦しい時期は「険しい道を歩いている」ということになります。

ところが歩いているうち、いつの間にか出口の見えない、照明のない暗いトンネルに入ってしまった――「不登校が始まった」ということは、そういうふうにたとえることができます。

出口の見えないトンネルを歩いているときは、非常に不安です。暗くて周りも先も見えない。怯えながら歩いている姿を想像することができます。

そして、そのまま歩き続ける（生き続ける）うちに、トンネルを抜けて先が見えるようになったり、険しい道を抜けて、歩くのが楽になったりするときが来るのです。

道はひとりに１本ずつ用意されている。

道というものをこのようにイメージすれば、誰の道にも平坦な部分や険しい部分やトンネルの部分があって、それらを必ず通らなければならない、ということがわかります。

不登校やひきこもりというのは、道のなかのトンネルの部分、ということになります。言い換えれば、**不登校やひきこもりは、その人の人生の一時期に歩く〝途中の道〟**であるといえるのです。

子どもは自分の力で生きている

おとなはよく「子どもがわからない」「子どもは宇宙人みたい」という言い方をします。問題のある子どもへの「心の闇」という表現も当たり前になっています。

実際、不登校や、それに付随して表れるさまざまな行動に直面して〝不可解〟という思いに苦しんでいる親御さんも多いようです。

不登校など「問題」とされる生きざまの子どもを、われわれおとなはどのように理解したらよいのでしょうか？

広告に問題がないかをチェックしたり、苦情を受け付けたりする機関「公共広告機構」が、かつてこんなコマーシャルを流していました。1度見ただけなので記憶が定かでないのですが、簡単に再現してみます。

> 小学校の図工の授業中、ひとりの男の子が、一心不乱に、画用紙を黒く塗りつぶしている。帰宅しても続けるわが子の異様な雰囲気に、心配になった親は病院に連れて行く。医師は彼をプレイルームに入れ観察するが、彼はそこでも画用紙を次々に黒く塗りつぶしていく。しばらくして、医師や看護婦や親が見たもの、それは、床一面に敷

かれた何十枚もの画用紙によって描かれた、大きな鯨の絵だった。
そう、彼は、鯨の黒い部分を描いていただけだったのだ！

これと似たようなストーリーが、以前放送されたテレビドラマにもありました。
こういうものです。

引っ越すために乗っていた新幹線のなかで、向かいに座った女性から、銀紙に包まれたおにぎりをもらったわが子。ところが彼、おにぎりは床に落として、包んであった銀紙を窓にかざしてよろこんでいた。引っ越した先でタクシーに乗っていたら、何かを見つけて騒ぎ出した彼。仕方なく降りたら、いつの間にかビルの屋上の給水塔にのぼって、銀色のアドバルーンに手を伸ばしていた。

新居での生活がはじまってからも、引き出しを開けたりテーブルの上をのぞいたりして、手当たりしだいに物を落とすため、家じゅう散らかり放題。そんなある日、布袋に入っていた銀紙（もらったおにぎりを包んでいたもの）を見つけた彼は、再びそれを窓にかざして悦に入っていた。

そう、彼は、キラキラ光るものが大好きだったのだ！

ご覧になった方もいらっしゃると思いますが、これは、自閉症の子を持った母親が主人公のドラマ「光とともに」（２００４年放送）です。

ここに挙げたふたつの話が表現しているのは、子どもがおとなとコミュニケーションをとらない（とれない）状態のまま、自分の目的に向かって一心不乱に没頭している姿であり、なおかつ、あとになってからその理由がまわりのおとなにわかる、という結果です。

このようなプロセスは、不登校の多くにも共通しています。

つまり、本人が原因・理由を話さないまま、あるいは取るに足らないような原因・理由しか話さないまま、明けても暮れても「朝は不機嫌なのに、学校の下校時刻が過ぎると笑いながらテレビを観ている」「自室に閉じこもって一日じゅうテレビゲームをやっている」といった生活を続けます。新緑の時期などには「こんなに気持ちのいい季節なのに、なぜ外出しないのか」と不思議がる親御さんもおられます。

まわりのおとなにとっては、まさに「どうかしている」「わけがわからない」という印象です。そして「この子は永遠にこのままでは？」という心配から、不登校をやめさせるための対応をしては、多くの場合、徒労に終わったり、ますます頑強に不登校が続いてしまったりします。

ところが、不登校が終わると、本人たちは、何事もなかったかのように元気に生きるようになります。その様子を見た周囲の人たちは「あれは何だったのか？」「あれほど心配していたのに」と、拍子抜けしてしまうことがしばしばです。なかには、先に挙げた場面のように「なぁんだ、そういうことだったのか」と、意味がわかったり、理由に納得したりするケースもあります（私の場合もそうでした）。

このようなプロセスは、**不登校を含めて、子どもの行動の多くが、しばしば子ども自身にも原因・理由が自覚できないまま、子どものなかからわき上がってくるエネルギーに突き動かされて生じるものだ**、ということを示しています。しかもそのエネルギーは、多くの場合、創造的であったり、あとから納得できる意味があったりするわけです。

このことからわかるのは、**子どもというのは、われわれおとなが思っている以上に、自分の人生を自分の力で生きている**、という事実です。

画用紙を黒く塗りつぶしている段階でやめさせたら、その子がなぜそんな行動をしていたかがわからなかったように、子どもの行動の〝途中経過〟の段階で、それを「どうかしている」「わけがわからない」と即断して対応する限り、子どもを理解することは不可能でしょう。

子どもの行動が何であるかを即断したい気持ちをぐっとこらえ「もう少し見続けてみよう」と思い直すことができるようになれば「子どもがわからない」と嘆くことも少なくなるかもしれませんね。

第2章　不登校やひきこもりになる理由

踏破をめざしてトンネルを歩く

かつて監禁致死事件を起こした、愛知県の「ＮＰＯ法人Ａスクール」をご存知でしょうか。

事件の前年、私はある学習会で同スクールの代表理事だったＳ氏の実践報告を聴きました。

氏は、姉のＯ氏と同様にひきこもっている青少年を連れ出して入寮させ、生活に始まり学校復帰や就労への支援を行っているとのことで、就労支援では職場開拓や寮生がアルバイト先でミスしたときのフォローに力を入れていること、家庭訪問や親子への指導では「親子を責めない」「ときには寮を見学してもらって、お互い納得の上で連れ出す」など、本人や親を罵倒する手法で知られる姉とは違う理念・手法で実践している、といった話をしていました。

ただ「対象としているのは近所で迷惑をかけている（荒れている）子どもたちであり、警察の協力を得て訪問することが珍しくない」と、その苦労を語っていたところに疑問を持った私は、「警察の協力を得なければ訪問できない原因が〈訪問の仕方〉にあると判断したケースは1件もないのか」と質問しました。これに対し氏は「段階を踏んで慎重に進めている」と、訪問実践に落ち度のないことを強調しました。

これらの説明が全部ウソだったのかどうかはわかりませんが、翌年の事件の報道に接したときは「実践報告」をうのみにすることの怖さを痛感せずにはいられませんでした。

さて、私がここで申し上げたいのは、同スクールの非人間的な手法への批判ではなく、その背景にある「不登校・ひきこもり観」への反論です。

この姉妹のように、不登校やひきこもりの人を積極的に説得して、あるいは強引かつ乱暴に、連れ出して入寮させる実践者は、不登校やひきこもりの人たちを「人生の歩みを止めた人たち」「自分で動き出す力を失っている人たち」と見ているのではないかと、私には思えます。

私は、不登校やひきこもりの人たちをそのようには見ていません。むしろ逆に**「人生の歩みを続けている人たち」「その歩みが自分で動き出す力へとつながる人たち」**と見ています。

ただし本人たちの多くは、自分で歩んでいる道を〝見通しのよい明るい道〟ではなく、〝出口の見えない暗いトンネルの中〟だと感じていることでしょう。

出口の見えない暗いトンネルを歩いている姿を想像してみてください。先の見通しが立たない不安におびえながら、ソロリソロリと少しずつ歩いている場面が、目に浮かぶと思います。

そんな本人に対して、親御さんや学校の先生や関係者がするべきことは何でしょうか。マスコミがしばしば取り上げ称賛していたように〝熱血家庭訪問〟によって連れ出し入寮させることは、よい解決方法なのでしょうか。

私の表現では、家庭訪問して連れ出すというのは、外からトンネルの途中に穴を開けて、外の世界に引っ張り出すようなものです。つまり、彼らが手探りで歩むことをやめさせ、手取り足取り指導して、通常の道を歩くことができる心身をつくる、ということです。

本人たちは、そのような支援を望んでいるのでしょうか。

私自身の不登校とひきこもりの体験は、まさに「トンネルを踏破した（歩き通した）体験」でした。苦しみ抜いた末にトンネルを抜けたとき、目の前に広がっていた光景は、トンネルの途中で穴から連れ出される地点からは、決して見ることのできないものでした。

さらに、現在不登校やひきこもりの相談を受け〈連れ出す目的ではない家庭訪問〉を含む支援活動を行っていて、だんだん「かつての私と同様に**彼らの多くも、自分の足でトンネルを踏破するつもりで歩いている**」と認識せざるを得なくなってきたのです。

つまり本人たちが望んでいるのは、トンネルの途中で引っ張り出してもらうことではなく、トンネルを歩いている自分を応援し、踏破する（出口まで歩き通す）エネルギーを補給してくれる、そんな支援なのではないでしょうか。

このような支援を私は、〝**後方支援**〟と表現し、次のように説明しています。

「歩いている本人の前に出て誘導するのではなく、本人の斜め後ろを本人と同じペースで歩き、本人が歩き疲れて後ろに倒れそうになったら頭を打たないよう支えたり、本人の靴がボロボロになったら取り替えたりする、というイメージ」

もちろん、不登校やひきこもりの人すべてがそう望んでいる、と盲信しているわけではありません。本人のタイプや状態、また支援に対する本人のニーズは人それぞれです。その鑑別は常に心がけていますが、それでもなお「トンネルの途中で引っ張り出してもらう」支援を望んでいて、かつそれに向いていると思われる人は、これまでに受けた相談にかぎって言えば、ほとんどいなかったのです。

もちろん「家庭訪問→入寮指導」というシステムを実践している団体はいくつもありますから、それらをひとくくりにして否定することはできません。「このシステムに救われた」と認識している人も少なくないでしょう。

ただ、私は個人的にこう思っているだけです。**「不登校やひきこもりの時代に、家庭訪問して連れ出そうとする支援者に出会わなくてよかった」**と。

「不登校・ひきこもりは子育ての誤り」という誤解

私はこれまで、面接相談や家族会などの場で、わが子の不登校やひきこもりに直面した親御さんとお話ししてきました。
そのなかで、印象的な言葉に考えさせられたり、親御さんの多くがおっしゃる言葉があることに気づいたりしてきました。
そのような言葉のなかでも、次の言葉は本当によく聞きます。

「子育てが間違っていました」

私の相談業務においても、半数近くの親御さんは初回面接で自ら口にされます。口にされない親御さんも、お話のなかで心中そう思っていらっしゃることがうかがわれることが少なくありません。

私の相談業務では、不登校やひきこもりが起きるまでの経緯を把握するために、本人の生い立ちを簡単に聴き取ります。ただ、その結果「不登校／ひきこもりは子育ての誤りが唯一の原因」と判断したケースは、これまで一例もありません。

事実、不登校やひきこもりになった人のなかには、以前には現在と正反対の印象（活発、友人が多い、頑張り屋など）だった人が少なくないことが、親御さんのお話からわかっています。そうなると、不登校やひきこもりが、親御さんの子育ての善し悪しで起きたり起きなかったりするような現象ではないことは明らかです。

にもかかわらず、現代社会の風潮として〝子育て原因論〟や〝親への過剰な期待〟が横行しています。そのことが、親御さんに「親として自分（たち）の子育てが間違っていた」と言わせてしまう、という面は否定できないと思われます。

ただ、そうおっしゃる当の親御さんに「言わされている」という実感はないでしょう。むしろ、親としてのひたむきさや責任感の表れだと思いますし、その反省（必要かどうかは別にして）のお気持ちが、主体的に対応していこうという姿勢につながっている親御さんも多いようです。

ただ、不登校やひきこもりが生じるメカニズム（専門家は「発症機序」と言います）について、私には私の説があります。

すなわち、**不登校やひきこもりは「本人の奥深くから沸き上がってくるエネルギーに突き動かされて起こる行動」**です。私はこれを**「無意識からの指令」**と呼んでいます。

不登校やひきこもりになるとき、本人のなかには、えも言われぬ違和感や不安感が生じています。それは言葉では言い表せない感覚ですが、あえて強引に言葉にすれば「このままで大丈夫か？」「今の自分でいいのか？」などというものになるでしょうか。

そしてそういう感覚に導かれるように、本人は不登校やひきこもりという〝トンネル〟に入っていきます。無意識のうちに、そういう行動を起こすわけです。

順調に生きることができなくなった本人は、自分の生きざまを受け入れることができずに葛藤するわけですが、逆に無意識の部分では「このままで大丈夫」「今の自分でＯＫ」と納得できる、新しい生き方を探し続ける欲求を、消し去ることができないのです。

その結果「不登校やひきこもりにならなかったらできなかった体験や出会い」を積み重ねていくうちに、以前とは違う人生観やエネルギーが生まれるわけです。

こう考えると、**本人を不登校やひきこもりへと導いた違和感や不安感は、無意識による「今の生き方はいずれ行き詰まるぞ」という〝予言〟であり「その前にいったん退却して、自分を創り直してから再出発せよという〝指令〟である**と解釈できます。

このような〝予知能力〟は、誰もが持っているわけではなく、本人の資質であり個性です（もちろん人間的な優劣とは無関係ですが）。

したがって、不登校やひきこもりという困難な方法をとってでも、自分の人生を変えることができる資質・個性を育てたと考えれば「不登校・ひきこもりは、子育ての成果」と言っても過言ではありません。

「いいえ、私はほんとうに子育てを間違えました」

そう確信なさっている親御さんもいらっしゃるでしょう。

では仮に、ほんとうに誤った子育てによって、人格形成にアンバランスが生じて不登校やひきこもりになったとしましょう。

そんな場合の不登校やひきこもりの意味は「**人格形成のアンバランスを、自分で調整して再構成する作業**」なのです。

繰り返しますが、不登校やひきこもりは「本人の奥深くから沸き上がってくるエネルギーに突き動かされて起こる行動」です。言い換えれば、誰かのせいで起きるのではなく、自分で起こす行動なのです。

ですから、今**大切なことは「どう対応するか」**です。「子育て」はともかく「対応」は、これからどうにでもできることなのですから。

「納得のいく生き方を構築したい」という心理

ここで、不登校やひきこもりとは何なのかを、心理メカニズムの観点から私なりに説明したいと思います。

前述したように、不登校やひきこもりは、本人が人生を歩んでいるなかで、そう歩まざるをえない〝生きざま〟であると考えられます。

これに対し、社会問題にもなっている「**〈いじめ〉がきっかけの不登校**は、相手から追い込まれてなるものだから別なのでは？」という疑問を、あるメルマガ読者の方からいただきました。それには、次のようにお答えすることができます。

いじめられている子のなかで、我慢して学校に通い続ける子と、不登校になる子がいます。

この違いは、いじめられているうちに「今の自分（いじめられているのに無理して通学し続ける自分）でいいのか？」という「感覚」を呼び覚ます「エネルギー」が「奥深くから沸き上がってくる」かどうか、言い換えれば「無意識からの指令」が「学校を休んではならない」という「規範意識」より強くなるかどうか、という違いなのです。

本人たちの多くが、いじめが解消されても再登校するとは限らないことが、そのことを裏付けています。

すなわち本人は、単に〝追い込まれて一時的に避難した〟という受け身のプロセスを認めることができず、**もっと主体的な生き方を模索している**と思われるのです。

このように、不登校やひきこもりの心理メカニズムは、どのようなきっかけにも多かれ少なかれ共通していると、私は考えています。

では、**不登校のきっかけ**にはどのようなものがあるのでしょうか。

1．心理的きっかけ。理由がわからないまま登校する気力が失われていくものです。あとになって「生き方が変わった」などと述懐する子が少なくないため「人格形成の一段階（自分づくり）」という意味を持っているケースが多いように思います。

2．現実的きっかけ。教室や部活でのトラブル、いじめや体罰などを体験（自分が受けたり目撃したり）して傷ついたことがきっかけになるものです。「そのような環境からの避難」という意味を持っているように思います。

3．意識的きっかけ。学校の雰囲気が合わない、すなわち学校そのものへの違和感が意識されたことがきっかけになるものです。「〈学校の価値観やシステム〉に欠けている要素への異議申し立て」あるいは「学校以外の道への渇望」などの意味を持っているように思います。

なお、このような不登校のきっかけは、**おとなのひきこもりにも応用することができます**。すなわち「心理的きっかけ」は理由がはっきりしないものであり、「現実的きっかけ」は職場でのいじめや過酷な労働環境などであり、「意識的きっかけ」は社会そのものへの違和感です。

以上のように、**不登校やひきこもりの心理は「転んでもただでは起きない」と表現することができるような、自分に納得のいく生き方を構築したい、という願望の強さをうかがわせるもの**なのです。

その思いを活かす対応のあり方を、考えていきましょう。

不登校やひきこもりになると生じる共通の心理状態とは

先に私は、いじめられている子のなかでも、「今の自分でいいのか？」という「感覚」を呼び覚ます「エネルギー」が「奥深くから沸き上がってくる」かどうか、言い換えれば「無意識からの指令」が「学校を休んではならない」という「規範意識」より強くなるかどうか、という違いによって、不登校になるかどうかが決まると述べました。

ということは、同じような状況でも、不登校やひきこもりになるタイプとならないタイプがある、ということになります。すると「不登校やひきこもりにならないタイプに育てるべきだ」という考え方が出てくるでしょう。というより、現に多くの人がそう考えていることでしょう。

でも私は、それは不可能だと考えています。前述のような「エネルギー」や「無意識からの指令」が出てくるかどうかは、そのときになってみないとわからないからです。

まして、ひとたび不登校やひきこもりになった人は、多くの場合どのような性格であっても共通の心理状態が生じるのです。

そのことを、ふたつの観点からお話しします。

ひとつは、不登校やひきこもりの人たちの傷の深さ、疲れの深刻さについてです。

どんなきっかけであれ、不登校やひきこもりには何らかの傷つき（トラウマ）体験や精神的疲労が、程度の差はあれ関わっています。

しかし、自宅に閉じこもればそれが癒され、安穏と暮らせるようになるのかと言えば、そうはなりません。

「学校に行けなくなった」「社会に出られなくなった」という体験そのものが、新たな傷や疲労を生むからです。

要するに、**不登校やひきこもりというのは、まず「きっかけになった出来事で傷つきあるいは疲れて」次に、「学校や社会に出られなくなったという自分の状態に傷つきあるいは疲れる」という、二重の傷や疲労を招く現象**なのです。

したがって、本人たちは登校や社会参加をしないで、自宅で呑気に暮らしているわけではなくて、自宅でも気が休まることなく、頭の中では常に「登校すべきだ」「社会参加すべきだ」という規範意識と、そうできない自分自身への罪悪感で、日々傷を深め、疲れを増しているわけです。

もうひとつは、**当たり前のことができなくなったとき、人はそのことに対して意識過剰になってしまう**、という心理についてです。

私たち現代人は、入学すれば通学して卒業し、おとなになれば就職して通勤することを当たり前だと思っています。ですから、私たちは必死に通学や社会参加している（いた）わけではなく、それらは毎日の習慣にすぎない（すぎなかった）わけですよね。

したがって「そうしなければならない」という規範が意識の上にのぼることも、

それがプレッシャーになることもなく、ゆとりをもって実行できている（いた）わけです。

ところが、通学や社会参加ができなくなると、感覚が大きく変わります。すなわち、習慣でできていた通学や社会参加が「そうしなければならないもの」という規範として意識されるようになり、プレッシャーを感じ、実行するのに必死になります。そして、本人は心のゆとりを失い、通学や社会参加に対して意識過剰になり、かえって実行が困難になっていくのです。

たとえば、登校や就職活動などに対して〝失敗の予感〟を強く感じて「失敗を回避しなければならない」というプレッシャーが異常に強まったために、かえって実行できなくなり、ますます落ち込んでしまう、という悪循環にはまっていくわけです。

このような、**当たり前のことに意識過剰になるという心理**は、決して不登校やひきこもりに特有なものではないはずです。

ゴルフで「ミスショットをしないのが当然（であるべき）」と思っている人は「池に入らないように」とか「木に当たらないように」と意識しすぎて、かえって池に入れてしまったり木に当ててしまったりすることがあります。

寝ることが当たり前だと誰もが思っていますから、不眠症になった人は、眠ろうと意識しすぎて、かえって寝つけなくなります。

不登校やひきこもりの人たちが、しばしば「普通」への憧れと執着を過剰なまでに口にするのも、それと同じです。一般の人たちは「普通」に憧れたり「普通でありたい」と意識したりはしません。

不登校やひきこもりになって、はじめて「普通」であることがどういう状況なの

かが見えてくるわけです。

ところが〝普通の生き方〟を求めれば求めるほど、前述のような悪循環から抜けられなくなるのです。悪循環から抜けるためには、皮肉なことですが「普通」を求めることをやめなければならないわけです。

前述のゴルフの例では「木に向かって打て」「池に向かって打て」とアドバイスすることがあるそうですね。この、過剰な意識を逆手に取る逆説的アドバイスは、不登校やひきこもりに対応するうえで、大いに参考になると思います。

必要なのは治療や矯正ではなく〝配慮〟

では、不登校とひきこもりを、どのように見るべきでしょうか。

不登校やひきこもりといった人たちの悩みについて、多くの方が感じておられることは、**心配**（「お先真っ暗」「どうなってしまうのか」）、**同情**（「かわいそう」「苦しみを取り除いてあげたい」）、**非難**（「わがままだ」「ぜいたくだ」「ひ弱だ」）、などさまざまです。

いずれにしても「何とかしたい」という〝**支援欲**〟や〝**コントロール願望**〟をかきたてられるテーマであることは疑いありません。

しかし、私がこれまでメルマガでお話ししてきたのは、多くの方のそういう感じ方を問い直す内容です。２つの観点からお話しします。

まず第一に「どういうものであり、そのためどういう対応をすべきか」という、不登校やひきこもりへの捉え方から考える対応のあり方です。

私の考えは、「**不登校への対応は、妊婦への対応と同じにすべきだ**」ということです。無理をさせず、かといって特別扱いせず、さり気なく支え続けることです。**不登校やひきこもりに必要なことは、治療でも矯正でもなく「配慮」である**、と考えます。

このことは「病気・ケガ」と「妊娠」との違いを思い起こせば理解しやすいと思います。

すなわち、病気やケガの望ましい結末とは、治療を受けて治ることです。イメージとしては「それまで歩んでいた道（健康）から外れてしまったから元の道に戻る」と表現できます。

それに対して妊娠の望ましい結末とは、心身の安定と安全に配慮して生活し、無事出産することです。イメージとしては「それまで歩んでいた道の状態が変わり、

妊婦への対応と同じ配慮で接しよう。

注意しながら歩み続けなければならなくなった」と表現できます。道から外れてしまったわけではなく、同じ道を歩み続ける、というイメージです。

では、不登校やひきこもりの場合はどうでしょうか。

一般的には、不登校やひきこもりの望ましい結末とは、治療または矯正のような指導または支援を受けて「治る」「直る」ことと考えられています。イメージとしては、病気・ケガの場合と同じく「それまで歩んでいた道（常識的人生）から外れてしまったから元の道に戻る」と表現できます。

それに対して私は、**心の安定に配慮して生活し、無事新しい自分あるいは生き方を生み出すこと**と考えています。イメージとしては、妊娠の場合と似て「それまで歩んでいた道にトンネルがあったので入ったら、暗くて先が見えないため、不安におびえながらゆっくり歩み続けなければならなくなった」と表現できます。これも道から外れてしまったわけではなく、同じ道を歩み続ける、というイメージです。

先にお話ししたとおり、**不登校やひきこもりは、自らの道を歩く本人の歩み以外の何物でもない**のです。したがって「道の踏み外し」と捉えて「元のサヤに戻す」と発想していては、本人の真実は見えず、対応や支援は的外れなものとなる可能性が高いと思います。

第二に「**そもそもなぜ起きるのか**」という、不登校やひきこもりの原因についての考え方です。

一般的によく言われ、信じられているのは「一人っ子だった」「過保護に育った」「わがままに育てられた」などという、家庭環境や子育ての劣悪さ（？）に起因する、という考え方です。

ところが、私が受けている相談にかぎって言えば、不登校やひきこもりの人々に占める一人っ子の割合は、それ以外の人々に占める一人っ子の割合とほとんど違わないか、むしろ少ないくらいです。

また、不登校やひきこもりの人々は、たいていまじめで、かつては活発だったり頑張り屋さんだったりします。過保護あるいはわがままに育てたら、そういう人にはならないでしょう。

それでも「家庭環境や子育てが原因」とする社会通念があるのは、不登校やひきこもりが「道を外れた〝おかしなこと〟」と認識されているからではないでしょうか。すなわち、不登校やひきこもりの人々は、不十分な家庭環境や間違った子育てによって、育っているうちに〝おかしくなって道を外れてしまった〟」というわけです。

確かに「登校したいのにできない」とか「社会に出たいのに出られない」などと聞けば、登校することや社会に出ることが当たり前だと思っている大多数の人々は〝彼らはおかしい〟としか思えないでしょう。

しかし、この心理が彼らだけの特異なものではないことは「当たり前のことに意識過剰になる」という言葉を使って、前述したとおりです。

ゴルフで「池に入れてはいけない」と念じながら打ったら池に入ってしまう。不眠症で「眠らなければ」と念じるほど目が冴えてしまう。これと、不登校やひきこもりの人たちが「学校・社会に復帰しなければ」と思えば思うほど復帰できなくなることは、まさしく同じ心理です。

いつでもやめられるゴルフでの心理や、眠れないことが問題の不眠症と違い、不登校やひきこもりは、本人の人生全体が否定されるほどの悩みです。言い換えれば不登校やひきこもりは、ゴルフしているときや寝るときに表れる意識過剰が、24時間３６５日続いているわけです。

以上のことから言えるのは、不登校やひきこもりを特別な目で、あるいは〝上から目線〟で見て、対応や支援のことばかり考えるのではなく、**自分と同じ人間としての悩みと見て、その軽減を手伝う、という普通の意識と姿勢が必要**だ、ということです。

第3章 〝こだわり〟にはふたつの種類がある

〝荷物――自分のこだわり〟と〝よろい――世間の常識〟

不登校やひきこもりの人の心理として、よく挙げられるのが「こだわりが強い」という点です。そのため「不登校の子やひきこもりのおとなは、こだわりがなかなかとれないから変わるのに時間がかかる。だから不登校やひきこもりは長引くことが多いのだ」と言われています。

ただ、ひと口に「こだわり」と言っても、それにはふたつの種類があることを理解して対応すべきであると、私は考えています。

ひとつは、文字どおりの「こだわり」、すなわち自分のなかから生まれているこだわりです。

たとえば「健康にいいことなら何でもやる」とか「ブランド物は○○しか買わない」などというものです。私はこれを〝荷物〟にたとえたいと思います。

もうひとつは「世間の常識」、すなわち社会から取り込んだ、あるいは社会から与えられたこだわりです。

たとえば「子どもは学校に通うのが当然」「中学を卒業したら正規の高校に入るのが一般的」「おとなは働くのが当然」「正規に就職して一人前」というものです。私はこれを〝よろい〟にたとえたいと思います。

もちろん、どちらも社会や時代の影響抜きにはありえない価値観なのですが、前者は人それぞれの個人的な信念であるのに対し、後者は社会通念として、大多数の現代人の間で共有されている信念である、というところが大きく違います。

さて、このふたつのこだわりは、多かれ少なかれ誰でももっているものです。ところが、ひとたび学校へ行けなくなったり社会に出られなくなったりすると、両方強くなって本人を苦しめるようになります。

前者の「こだわり」が強くなると「親との関係」「学校でいじめられた体験」「職場での失敗体験」などといった、マイナスの記憶や経緯に執着するようになります。過去の出来事や解決不可能な問題をあきらめることができず、どうすればよかったかを繰り返し追求し続けます。

私はこれを「重い〝荷物〟を背負っている」と表現しています。

後者の「世間の常識」が強くなると、「普通の人生」「常識的なプロセス」に執着するようになります。内申点の関係で普通高校に進学することが不可能なのに、フリースクールを選択肢に加えることを拒否したり、ボランティアやアルバイトをせず、最初から正社員として就職することをめざしていたりします。
私はこれを「重い〝よろい〟を着ている」と表現しています。

現実の生活のなかでだって、重いよろいを着たまま重い荷物を背負っていては、とても動ける、あるいは動き続けられる状態ではないのと同じで、不登校やひきこもりの人は、心理的にそのような状態になった結果、苦しくなり、動けなくなっているわけです。

「登校するのが／働くのが普通なのにそうできない」という気持ちと「ひっかかっていることへのこだわりを捨てることができない」という気持ちを両方もっていては、平穏で元気な生活を送ることは、とてもできないでしょう。

では、このような心理状態を変えること、つまり**苦しみが軽くなって動き出せるようになるためには**、本人はどうすればよいのでしょうか。

結論からいいますと**〝よろい〟（＝世間の常識）と〝荷物〟（＝こだわり）の、どちらかを捨てる**ことです。

「今の自分は、登校できない／働けない時期なんだ」と、現在のありのままの自分を受け入れるか「今ひっかかっていることをそのままにする」とあきらめるのかの、どちらかを選択することです。

しかし現実には、周囲は〝よろい〟を脱ぐことは認めず〝荷物〟を捨てることだけを要求するものです。

常識的に考えると「背負っている〝荷物〟を捨てればいい」ということで片づいてしまいます。というか、大多数の人々は〝荷物〟を見つけても拾わず、背負った〝荷物〟が重ければ捨てているわけです。

それが〝生きる知恵〟でもあることは確かでしょう。

しかし〝荷物〟を捨てられるかどうかは、本人の性格だけでなく、そのときどきの状況や人間関係など、本人以外の要素も関係します。

したがって、本人以外の要素が取り除かれるようサポートしないまま、一方的に「捨てろ」とだけ説得しても、本人は捨てられないことが多いと思います。

では、〝荷物〟と〝よろい〟を捨てることができない本人の心理とは、どのようなものでしょうか。

〝荷物〟と〝よろい〟を捨てられないわけ

不登校やひきこもりの人にとって、〝よろい〟を脱ぐことも〝荷物〟を捨てることもなかなか容易なことではありません。

その理由を考えてみます。

第一に「自尊心」です。

人は「今」を生きています。たとえその生き方に誤りや無理がありそのために自分がどんなに苦しくても、自分の人生を真剣に生きていることには違いない、ということは、誰にも譲れない一線なのです。

このようなプライド（自尊心）は、人が生きていくためには必要不可欠なものだと思います。

第二に、「価値観・美学」です。

本人たちは「自分はこういう人間であるはずだ」という〝信じたい自己像〟と「自分はこういう人生を送りたい」という〝望む生き方〟、そして「人間はこうあるべきだ」という〝倫理観〟を持っています。

にもかかわらず「学校に行けない」「社会に出られない」といった自分の現状は、まさに自分自身の価値観・美学に背くものであり、屈辱的なものです。そのため、価値観・美学（これ自体が〝荷物〟でもあるわけですが）を捨てるのではなく、価値観・美学に自分を合わせることを、本人はひたすらめざしているのです。

第三に、「執着心を捨てられない状況」です。

これは、〝荷物〟について特に言えることです。つまり、親との関係など、独自のコミュニケーションがあり、かつ表面化しにくく、周囲の理解も得られにくい〝荷物〟を抱えていると、お互いに意地を張ってしまったりしていて「ああでもないこうでもない」と堂々めぐりする悪循環から、抜け出すことが難しいわけです。

最後に、そもそも〝荷物〟や〝よろい〟を捨てることが、彼らにとってどういうことなのかを考えてみます。

これは、〝よろい〟について特に言えることです。私は、次のように考えます。

今の自分の生き方は、自分が育ってくるなかで身につけてきた生き方です。これを否定すれば、自分のそれまでの十何年、二十何年の人生が否定されるように感じるのは、当然のことだと思うのです。

「〝よろい〟を脱ぐ」ということは「今までの生き方を否定する」という、辛いプロセスを通過しないと、できないことなのです。

本人にとって「〝よろい〟を着ている自分」と「〝よろい〟を着ていない自分」は、別人だからです。つまり本人にとって「〝よろい〟を脱ぐ」ことは「生まれ変わる」ことと同じなのです（この「生まれ変わる」ということについては、第10章「〝生まれ変わるための闘い〟を後方支援する」をご参照ください）。

以上のように見ると、不登校やひきこもりの人々は「ころんでもただでは起きない」人たちであることがうかがえます。〝荷物〟や〝よろい〟を捨てることがそう簡単ではないことが、想像できると思います。

それでは、そんな本人たちが〝荷物〟や〝よろい〟を捨てることができるようになるためには、どうすればよいのでしょうか。

通常、「こだわりを捨てる」とは「〝荷物〟を捨てる」ことだと考えられがちです。そのため、周囲は常に「本人が病的なこだわりを捨てればいい」とだけ考え、それを本人に要求する、という対応が一般的です。

そうすると、本人と周囲とのコミュニケーションが〝荷物〟のことに集中します。そのため、本人は〝荷物〟への関心がかえって強まり、捨てることがますます難しくなってしまいます。

このような状況に対して「〝よろい〟を脱ぐ」ことのほうが重要だ、という考え方が、この30年くらいの間に徐々に広まってきました。「おかしいのは本人より学校・社会のほうである」という視点が台頭してきたのです。

この視点は、本人への対応に画期的な変化をもたらしました。つまり、こういうことです。

〝荷物〟を捨てることは、周囲の人々はそのままで、本人だけにやらせればいいことです。それに対し〝よろい〟を脱ぐことは、まず周囲の人々がやらない限り、本人にやらせることは困難です。

周囲の人々が、世間の常識を持ったまま、本人に「常識を捨てろ」と言っても、説得力はゼロだからです。

その結果、周囲の人々は、本人への対立的意識がなくなるだけでなく「世間の常識に縛られて生きてきた者どうし」としての共感・連帯感が生まれます。そして**「本人を世間の常識に従わせる」のではなく「本人が自分の意思に従って生きることを応援する」というスタンス**になるわけです。

このように**〝荷物〟を捨てさせることより〝よろい〟を脱がせることのほうが、理解ある対応**だと言えます。しかし、ここで考えなければならないことがあるのです。それは、本人のことではなく、周囲の人たちの問題です。

北風ではなく太陽をふりそそぐ

本人に早く〝よろい〟を脱いでほしいと願っている親御さんや関係者は「〝よろい〟を脱ぐことを勧める対応は適切である」という確信を持っています。

にもかかわらずその対応を受け入れない本人に対し、「なぜだろう」「歯がゆい」

といった気持ちを、抱きがちです。

しかし、周囲の人々のこのような気持ちは〝よろい〟をなかなか脱ぐことができないでいる本人の気持ちに合っているでしょうか？

よく考えてみると「〝よろい〟を脱がせる」は「〝荷物〟を捨てさせる」と同様に、「○○させる」という強制的なニュアンスを含んでいます。

つまり、どちらの対応も「べき」論（〝荷物〟を捨てるべき、〝よろい〟を脱ぐべき）、すなわち「正論」にもとづいて行われるわけです。

周囲の人々は「〝荷物〟を捨てる」「〝よろい〟を脱ぐ」という望ましい結果、つまりめざすべき地点から逆算して、本人を見ているわけです。

そのため、本人が〝荷物〟を捨てたり〝よろい〟を脱いだりできないと、周囲は「なぜできない？」と不思議に思ってしまいます。

周囲のこのような反応は、本人にとっては、自分の現状を否定する、共感のないただの「命令」「押しつけ」にしか感じられないものです。

これでは、いくら周囲が「〝荷物〟を捨てさせる対応」から「〝よろい〟を脱がせる対応」に変わっても、本人は「自分のことを理解してくれた」とは思えないわけです。

近年、不登校やひきこもりの経験者による体験発表や手記などが増えています（本書にもそういう要素が含まれています）。経験者は、自分がいかにして〝荷物〟を捨てたり〝よろい〟を脱いだりできたかを語ることが少なくありません。なかには〈あとに続く後輩（＝現在不登校やひきこもりでいる人）〉に〝荷物〟や〝よろい〟を捨てることを勧める人もいるでしょう。

「〝先人の教え〟の押しつけがましさ」という感覚を経験した覚えのある方がいらっしゃると思います。

現在不登校やひきこもりでいる人のなかに〈先輩〉の体験談を、聞いたり読んだりすることを苦痛に感じる人がいるのは、この「押しつけがましさ」を感じるからだと思います。

つまり、本人たちにとって〈先輩〉の体験談は、今述べている「〝荷物〟を捨てるべき」「〝よろい〟を脱ぐべき」という、自分の現状を否定するニュアンスを感じてしまうからだと考えられるわけです。

それでは、このような複雑な感情を抱いて生きている本人に対して、周囲はどのように対応すればよいのでしょうか。

まず〝荷物〟を捨てさせる対応です。イソップ童話『北風と太陽』を引用しながら考えてみましょう。

ご存知のとおり、これは、北風と太陽が、どちらが早く旅人のマントを脱がせることができるか勝負し、北風が旅人のマントを吹き飛ばそうとしたが、旅人がマントをしっかり押さえて離さなかった。しかし太陽が旅人の体を暖めていくうち、旅人は暑くなってマントを脱いだ――という話です。

この童話を引用して、北風を「体罰や管理的な、あるいは性急な教育（指導）」に、太陽を「子どもの自主性を尊重する、あるいは機が熟するのを待つ教育（指導）」に、それぞれたとえ「太陽のような教育（指導）を！」と主張する教育論が、しばしば聞かれます。

一方私は、この話を、北風は旅人のマントにねらいを定めたのに対し、太陽は旅人の体とその周辺の空気にねらいを定めた――旅人がマントを必要としない環境を創り出した――と解釈しました。

それを本人への対応に当てはめると、こうなります。

〝荷物〟を捨てられない本人に対して、周囲が〝荷物〟を捨てさせようとすると、本人は〝荷物〟を奪われまいとして、ますます〝荷物〟をしっかり握って、離そうとしなくなります。

「そんなこと気にするな」「もう終わったことじゃないか」
「そんな簡単に言わないで」「自分の気持ちを理解してくれない」

このように家族と本人が言い合う場面は、あたかも〝荷物の引っ張り合い〟を繰り広げているかのようです。

そこで、逆に本人がひっかかっていることを否定せず、むしろその解決を手伝って〝荷物〟を軽くしたり、〝荷物〟以外の面に関心を移す、といったことで〝荷物〟を必要としなくなる環境を創り出せば、本人は〝荷物〟が気にならなくなるわけです。

本人が″荷物″や″よろい″を必要としなくなる
環境をつくりだそう。

次は〝よろい〟を脱がせる対応です。私は「本人の望むとおりにさせること」という、根本的で少々過激な方法を提案したいと思います。

前述のとおり本人たちは、内申点の関係で普通高校に進学することが不可能なのに、フリースクールを選択肢に加えることを拒否したり、ボランティアやアルバイトをせず、最初から正社員として就職することをめざしたりします。

そのような**「〝普通の人生〟〝常識的なプロセス〟をあきらめきれない」という本人の「今の思い」を、否定せずに支持し、思いに沿った行動に協力する意思を伝える**ことです。

もちろん本人の状態からして、行動に移せずじまいに終わったり、行動しても失敗したりする可能性が高いでしょう。

でもそのときこそ、そういう自分の現実を受け入れ〝よろい〟を脱がなければならない本人の苦しみを支えるという「対応」が始まるのです。**「無条件の肯定」です。寄り添い続けるのです。**

〝願望と実行のあいだ〟は果てしなく大きい

ところで、「ひっかかっていること（自分のこだわり）を捨てることができない」「〝普通の人生〟〝常識的なプロセス〟（世間の常識どおりの生き方）をあきらめきれない」という気持ちから、本人たちは〝回り道〟が、なかなかできません。

心にこのような難題が根をはっているため、本人の生活は「人並みに行動しようとする↓それに失敗する」というパターンが続いていることがよくあります。

というのも、本人の言動に日々接している親御さんはお気づきだと思いますが、本人の言動は、自分の現状と合わない、人並みな行為を「やるんだ」と言いながら、結局できない、ということの繰り返しです。

たとえば「明日こそ登校する」と言いながら、翌朝になると「やっぱり行けない」と布団をかぶる。「テストだけは受ける」と言って勉強しながら、当日になると欠席する。「就職活動する」と言いながら、いつまでたってもやらない。

このように「発言」が「行動」に結びつかない本人の有り様に、あきれている親御さんも少なくないことと思います。

なかには「本気で言っているのか？」「思いつきで言っているのではないのか？」「嘘ついて親の気持ちをもてあそんでいるのではないか？」などと、本人への不信感を募らせている方もいらっしゃるでしょう。

それでは、行動に結びつかないあのような本人の発言は、すべて思いつきや嘘なのでしょうか。

いいえ、**本人たちの発言は、すべて本心**です。もっと厳密に言うと、その時その時の本心です。

本人たちは「こうしよう」と本気で自分の行動を決めます。しかし、いざその時になると、心にブレーキがかかる、体が動かない、といった状態になり、実行できないのです。

そんなとき、本人たちは自分の意思どおりにならない自分自身にショックを受け、非常に傷つきます。しかし「やろうとしては失敗する」ということを、あくことなく繰り返していくのです。

本人たちはなぜ、できもしないことをやろうと思うのでしょうか。

〝普通の人生〟〝常識的なプロセス〟をあきらめる（＝〝よろい〟を脱ぐ）ことができず「人並みな生き方をしたい」「自分だってがんばれば、一念発起すれば、人と同じことができるはずだ」という気持ちなのではないでしょうか。

しかし本人の現状は、それができる状態ではないわけです。だからできない、というだけのことです。でも本人は〝人並みな行動〟さえできない自分を、認めることができない。身の丈に合った自分を受け入れることができないのです。

先ほど私は、行動に結びつかない本人たちの発言は、その時その時の本心だと言いました。ただ、その本心を実行に移す力は、まだ本人のなかで回復していないわけです。がんばることも、一念発起することも、まだ無理です。

ということは、**本人たちの本心＝「“人並みな行動”をしたい」という気持ちは「現実的な意思」ではなく「願望」**と解釈したほうが適切です。

人は、自分の力にふさわしい行動でなければ実行することができません。何らかの条件（生きるか死ぬかの場面など）が整わない限り、自分の力以上の行動はできないのです。だから人は、自分の力を現実的に認識し、それにふさわしい行動を選ぶ（「こうしよう」という「意思」を持つ）わけです。

他方、不登校やひきこもりの人たちの場合「人並みな生き方をしたい」「自分だってがんばれば、一念発起すれば、人と同じことができるはずだ」というふうに、自分の力を非現実的に（過大に）認識し、それにふさわしい行動を選んでしまうのです。つまりそれは「こうしよう」という「意思」ではなく「こうしたい」という「願望」なのです。

「願望」は「願い望むこと」という意味ですから「こうしよう」という本人の発言を「願望」として聞けば、実行できなくても仕方ないと思えますし、むしろ、本人がそういう願望を持っていることをプラス要因ととらえれば、先の見通しは明るいと考えることもできます。

ただ、そうは言っても「願望」と失敗の繰り返しは、続けば続くほど本人の傷が深くなりますから、放置しておいてよいとも言えません。

ここで、かつてヒットして映画化された小説『冷静と情熱のあいだ』をもじって「願望と実行のあいだ」という言葉を使いましょう。

「願望と実行のあいだ」は、不登校やひきこもりの人たちの生活を考えるうえで、まさに一大テーマです。この「あいだ」は果てしなく大きく、埋めるのに月日がかかるものなのです。

第4章　〝常識のプレッシャー〟から解放されるための長い道のり

ボタンのかけちがいをリセットする

先に私は、第一に、不登校やひきこもりを身体の状態にたとえ、治療を要する「病気やケガ」ではなく、配慮を要する「妊娠」のようなものであること、第二に、多くの不登校やひきこもりの人たちに共通した心理（「学校・社会に復帰しなければ」と思えば思うほど復帰できなくなる）は、おかしいことでも特異なことでもないこと、の二点をお話ししました。

もちろん、この二点をもってすべての不登校やひきこもりを「心配するほどのことではない」と決めつけるつもりはありません。

第一に、妊娠も治療すべき症状が発生するリスクを持っているのと同様、不登校やひきこもりも、難しい対応を迫られたり、外部の支援が不可欠になったりするリスクを持っていることも事実です。

さらに、妊娠期間は多くが10か月前後であるのに対し、不登校やひきこもりにそういう期間はなく、長期化することが少なくありません。

第二に「おかしいことでも特異なことでもない」と言っても、ご家族や周囲の方からは「現に本人の言動がおかしいではないか」とか「適切に対応しているのに、いつまでたっても変わらないではないか」などといった反論が出ることでしょう。確かにそういうことはよくあります。

このように述べますと「不登校やひきこもりは、本来困難で長期化しやすい問題なのだ」という話で終わってしまいそうですが、本題はこれからです。

お伝えしたいのは「不登校やひきこもり〝それ自体〟」が困難で長期化しやすい問題なのではなく**「不登校やひきこもりの〝初期対応〟」が困難さや長期化の原因**なのだ、ということです。

これまで述べてきたように、不登校とひきこもりは、本人がそのときに直面した自他の状況から、無意識のうちに「このままでは人生うまくいかない」と感知し、打開策として必要に迫られて始めた歩みです。

つまりその行動自体は、本人の「生きざま」に過ぎません。

ところが、社会はこの歩み＝生きざまを認めていません。それどころか、それ自体を最初から病理とか異常とか悪行などと定義しています。

人は、社会の価値観を無視して育つことはできません。家庭では親に、学校では先生に、それぞれ認められることで自分の居場所を確保するため、子どもは自ら社会常識を取り込みながら育ちます。まして大学生や成人になった人は、社会常識の取り込みを完了した「おとな」です。

そのため、単なる生きざまであるはずの不登校やひきこもりを、学校や親はもちろん、本人自身も「病気」「異常」「悪事」のいずれかの定義で理解してしまうわけです。

不登校時代の私もそうでしたが、不登校やひきこもりの初期に、自ら「病気かもしれない」とか「自分はおかしい」と口にする青少年もいます。実際、頭痛や発熱、おう吐などの症状が朝方にかぎって出る場合も少なくなく、その場合は本人も周囲も、なおさら「病気」になったと理解しようとします。

そして本人たちは、最初のうちは自分ひとりの力で学校・社会に復帰しようと試みます。不登校でよくあるのは「翌日授業がある科目の教科書やノートをカバンに入れ、準備万端整えて就寝する」という行動です。

それ以外にも、私の場合は「朝起きやすいように」と、居間に布団を敷いて寝ていた時期もあります。

ところが、このように努力しても、翌朝になると布団から出ることができません。このような挫折の繰り返しによって、だんだん精神的疲労が重なってゆき、目に見える努力ができなくなることが少なくありません。

一方、親御さんをはじめとする周囲の方はどうでしょうか。

たとえば不登校の場合、最初のうちは登校させようとした親御さんや先生が大半でしょう。しかし、それが功を奏して不登校があっさり終わることは少ないですし、功を奏さなかった場合は、例外なく逆効果になって本人の状態が悪化してしまったはずです。

このように見てくると、大多数の不登校やひきこもりの人たちの場合、始まった当初は、本人も周囲も「通学」「通勤」という、社会常識として認められる生活に戻ろう／戻そうとして、必死の努力を繰り広げていることが共通しています。

しかし、それは多くの場合逆効果となって、本人はますます泥沼にはまり込んでいくように状態が悪化してしまうわけです。

ということは、先ほど例示した「現に本人の言動がおかしいではないか」とか「適切に対応しているのに、いつまでたっても変わらないではないか」というご意見が示している〝困難さ〟や〝長期化〟と呼ばれる本人の状態は、初期に繰り広げられた本人と周囲の努力の結果であることが多い、と考えられるわけです。

要するに、**困難なのは不登校やひきこもり〝それ自体〟ではなく、前述のような本人と周囲の努力によって生じた〝状態〟であり、それが不登校やひきこもりを長期化させる**、ということになります。

「最初のボタンのかけ違い」という慣用句をご存じでしょう。

最初のボタンをかけ違うと、あとのボタンも全部かけ違ってしまいます。そこで、一度かけたボタンを気づいた時点ですべて外し、もう一度最初からかけ直さなければなりません。

不登校やひきこもりの多くは、まさにこのプロセスをたどるわけです。

つまり、途中から適切な対応をするようになっても、本人は短期に変わることはあまりありません。いったんすべてのボタンを外して、最初からかけ直していくのと同じような根気が必要なのです。

家族も〝常識へのこだわり〟を捨てる道を歩む

前項では、不登校やひきこもりには「最初に本人と周囲が、それぞれに元に戻ろう／戻そうとして対応した結果、困難な状態になって長期化する」というプロセスが多いことをお伝えしました。

ちなみに、最初から「無理に戻さなくてもよい」という方向で対応した親御さんもごく少数ながらおられますが、その場合、本人は困難な状態になりにくい傾向があるようです。

ある親御さんは「放任主義で育てたわが子は、いつの間にか不登校が終わっていた」と述懐されましたし、中学卒業後の進路として選択肢に入る、ある教育機関の先生も「のんきに構えている親御さんのお子さんは、中退せずに長続きする」という意味のお話をされています。

ただ、私は「正しい初期対応をしなければならない」という理想論を振りかざして「初期対応を間違えた」と本人や親御さんを後悔させたいわけではありません。

第一、私自身が「早く元に戻ろう」と努力し続けた張本人ですから。

不登校やひきこもりは社会に認められていない歩みである以上、本人が「元に戻ろう」と努力するのはもちろん、周囲が「元に戻そう」と努力するのも、初期の段階ではやむを得ないことです。

だとすれば、周囲のそういう対応は「間違い」のうちに入るのかどうか。周囲は社会常識に沿った対応をしたにすぎません。しかも、周囲が「戻そう」としなくても本人が「戻ろう」としていれば、多くの場合本人の状態の困難さは、程度は軽くても持続してしまうのです。

つまり私が言いたいのは「このようなプロセスになってはいけない」ということではなく「このようなプロセスが一般的だ」ということです。

したがって、本人も周囲も**「元に戻ろう／戻そう」という方向で努力してもうまくいかないことに気づいたとき、どのように考え直していくかが大切**なのです。

「一日も早く戻さなければ」と、登校や社会参加するよう促したり強要したりするほど、ますます心を閉ざしたり、態度を硬化させたりする本人を目の当たりにして「もう手に負えない」「親子関係がおかしくなった」などと立ち往生した親御さんは、「ほかにどのような方法があるのか」「本人をどう理解すればいいのか」などと迷い始めます。

それこそ、希望に向かって新しい一歩を踏み出した瞬間なのです。

前述のたとえ話を使って言えば「ボタンのかけ違いに気づいて、それ以上ボタンをかけることをやめた」瞬間です。そこから、かけ違っているボタンを外し始めるわけです。

ただし〝心のボタン〟は本物のボタンと違って、一度かけ違ってしまうと、外してもう一度全部かけ直すことに月日を要します。

まず「元に戻そう」としてやった対応が「ボタンのかけ違い＝本人の状態と親子関係の悪化」という結果になったのですから、**かけ違ったボタンを外していくように、本人の気持ちを受け止めながら親子関係を修復していく対応を積み重ねていく**ことが必要です。

それが進むにつれ、本人の状態も親子関係も安定してきますから、さらに適切な対応を積み重ねることで、それぞれのゴールに向かいます。まるで「ボタンをもう一度正しくかけ直している」かのように。

ところで、このようなプロセスには避けて通れない課題があります。それは、**親御さんが「常識からの発想の転換」につとめる**ことです。

ボタンのかけ直しがうまくいくよう、
「常識からの発想の転換」につとめよう。

なぜなら、本人を社会常識として認められる生活に戻すための対応ではなく、**本人の歩みを認めてそれを後押しするための対応を積み重ねていくことでしか「ボタンのかけ直し」はうまく進まない**からです。

しかし、長年社会常識を疑うことなく生きてこられた親御さんとしては、社会常識から外れた歩みを続ける本人への「社会常識ではなく本人の歩みに沿った対応」は〝方便〟としてなら納得できても、本人の歩みを認めるところまでいくのは並大抵のことではないでしょう。事実、多くの方は強固な疑問と激しい葛藤を抱えてしまわれるようです。

私は先に、常識へのこだわりを〝よろい〟にたとえ、本人がそれを捨てることの大切さと困難さについてお話ししました。

でもそれは、親御さんの場合も同じです。常識へのこだわりを捨てることへの葛藤に苦しんでおられる親御さんは少なくありません。

私が主宰する相談室では、本人支援と同様に家族支援も重要であるとの認識にもとづき、「不登校」と「ひきこもり」それぞれの「家族学習会」を、年に一度ずつ開催していました（現在はそれに代わって不登校とひきこもり合同の家族会を3か月に1度ずつ開催しています）が、この会に参加された親御さんや相談業務を利用されている親御さんのなかには「常識的な人生が一番……違いますかね？」などと、常識と本人との間を揺れ動く心情を漏らされる方が、しばしばおられます。

こういう親御さんのご発言をうかがうにつけ「不登校やひきこもりでは、少なからぬ親が本人と同じ道を歩んでいる」と実感させられます。

それは〝常識のプレッシャー〟から解放されるための、長い道のりですが、私のメルマガを読んでくださっている方、あるいは共通する考え方の相談や親の会、イベントなどの支援機会を利用されている方には、決して不可能なことではないと思います。

第5章　スモールステップで小さな成果を積み重ねる

〝1週間は1か月〟くらいの時間感覚が必要

私はこれまでの間、さまざまな相談を受け、さまざまな当事者を直接間接に支援してきました。

そのなかで常に堅持していて、しかも間違っていないと確信を持ち、これからも変わらないであろうと感じていることは、**「本人のペースに沿った支援」**という基本原則です。

親御さんや支援者の多くは、本人が安定していると「もっといろいろなことができるはずだ」とか「ここまで状態が良くなれば、もう居場所に通えるだろう」などと考えるようになります。

それは、親御さんや支援者の頭のなかに「このくらいのペースで苦悩から立ち直って元気を回復していくはずだ」という想定・イメージがあるからでしょう。

ところが、多くの場合それは外れ「そろそろだと感じるのに」「ここまで来たのに」「動き出しそうで動き出さない」などと思い「まだかまだか」とジリジリしながら日々を過ごしていくことになります。

はたからは「牛歩」というレベルにも及ばないほど、本人の歩みが遅々としているように見えるのです。

ただ、そもそも不登校やひきこもりの人たちと一般の人たちとでは、時間の流れ方が大きく違うことを認識する必要があります。

たとえば**「一般の人にとっての1週間は、不登校やひきこもりの人にとっての1か月」**というくらい違うのです。

ということは、あくまで仮の話ですが、一般の人が自分の生き方を半年かかって変えたとしますと、同じことを不登校やひきこもりの人がやると2年かかることになります。

そのようにゆっくりとした時の流れのなかで、本人たちは生きているわけです。

この違いを階段にたとえると「一般の人は駅の階段を上り、不登校やひきこもりの人はゆるやかな傾斜の山道の階段（間隔をあけて丸太を配置する方法で設置された階段）を上る」というイメージになります。

ふたつの階段の違いは、一段ごとの奥行きです。駅の階段は短く、山道の階段は長いわけです。そのため、駅の階段では一歩進めば一段上がりますが、山道の階段では数歩進んでやっと一段上がります。

そこで、階段の一段一段を本人の状態における「段階」にたとえますと、現在の段階から次の段階に進むのに、一般の人は時間がかからないが不登校やひきこもりの人は時間がかかる、というわけです。

このように考えると、次々とステップアップさせなければならないと考えたり、1年たったらものすごく長期化しているかのように感じたりすることが、いかに的確でないかがおわかりいただけると思います。

しかし、相談機関や支援団体のなかには「短期に学校／社会に戻す支援」を原則にしているところもあります。

そこでは、本人に対して心を開かせたり動かしたりするための対応を、親御さんにあれこれ試みさせます。そのため「親御さんがプレッシャーを感じたり、結果に一喜一憂したりする」「本人が前進しては後退する」などという、波の大きい日々になりがちです。

それも「解決のための有意義な試行錯誤」と言えないこともありませんが、本人も親御さんも疲弊してしまっては元も子もありません。

そこで私は、親御さんがプレッシャーを感じたり結果に一喜一憂したりしないですむような、気楽に（と言うと大げさですが）実行でき、うまくいかなくても「まだ大丈夫、次がある」と、すぐに気を取り直すことができるような対応を提案していくわけです。

それを続けていると、本人の状態は一歩また一歩と、ほとんど後退することなく進み続けます。もちろんとても小さな歩幅ですし、本人は常に揺らいでいますが、それは仕方ありません。

株式用語を借りて表現すれば、本人も親御さんも、心が「乱高下」しながら上がっていくより、「もみ合い（不安定に小さく上下）」しながら上がっていくほうが、楽だし長続きするはずです。

そのため私は「半年などと期限を決めて介入に踏み切る短期決戦」より**「スモールステップで小さな成果を積み重ねる長期戦」**のほうが、本人も親御さんも無理なく歩むことができると感じています。

さらに言えば、この方法は「効率よく上れる駅の階段」ではなく「間隔があいている山道の階段」を上っている本人に、早く頂上（＝学校／社会）に到達しようと急ぐことなく、途中の風景（＝今見えているもの）を味わいながら歩く心の余裕を与えることにもなります。

山道の階段をゆっくりと上ることで、途中の風景
（今見えているもの）を味わう心の余裕が生まれる。

すなわち、自分や周りに見向きもせずに学校／社会に向かってまっしぐらに進むのではなく、自分や周りをじっくり見て感じながら歩むことです。

そうすれば将来、**不登校・ひきこもりは「あってはならなかった体験」として人生経験から排除されるのではなく、むしろ「プラス体験」として一生残り、新たな人生観や社会観、そして生きる知恵の源泉のひとつであり続ける**のです。

私が、対応・支援を「周囲が想定するペース」ではなく「本人のペース」に合わせて行うことを原則としている理由がおわかりいただけたでしょうか。

イチロー選手の〝積み重ね〟を学ぶ

ここで野球の話をしたいと思います（野球をご存じない方にはわかりにくいお話

をすることをお許しください）。

大リーグのニューヨーク・ヤンキースで活躍するイチロー（鈴木一朗）選手が10年連続２００安打の世界新記録を樹立したのに続き、日米通算４０００本安打を達成したことは、記憶に新しいと思います。この快挙に、多くのプロ野球ファンが歓喜しました。

さて、プロ野球では、安打（ヒット）を１試合で平均１本打てる実力があれば、だいたいレギュラーで試合に出られます（もちろん実際にはほかの評価基準もあります）。その意味で、年間１６２試合ある米国のプロ野球では「２００安打」は一流選手の証でもあるのですが、これを10年続けて超えた選手はイチロー選手しかいないわけですね。

「４０００本」安打も史上３人目、日本人ではイチロー選手しか成し得ていない数字です。

プロ野球の魅力のひとつは、いろいろな種類のタイトル（年間1位の記録）があるところだと私は思うのですが、最も代表的な記録のひとつに打率（ヒットを打つ確率・1位は「首位打者」と呼ばれるタイトル）があります。

打率は、確率ですから上下します。そのため、仮に高い打率を残そうとすれば、高い時期に試合に出るのをやめてしまえばいい（実際に打率が1位でいるうちに欠場してタイトルを獲得する選手がいる）わけです。

一方、ヒットは1本1本の積み重ねですから、ヒットを多く打とうとすれば、最後まで試合に出続けなければなりません。

イチロー選手のすごいところは、そういう変動のある打率よりも、1本1本増えていく安打数のほうを重視していることです。

ところで、プロ野球の1年間を不登校やひきこもりの始まりから終わりまでにたとえますと、打率は本人の心理状態に、ヒットは本人の言動（発言と行動）に、それぞれ置き換えることができます。

私の援助方針がうまくいくと、本人の状態はほとんど後退することなく進み続けますが、それでも本人は常に揺らいでいる状態であると言えます。つまり、本人の状態は直線的に進展するのではなく、必ず波があって上下しながら進展するわけです。

そのため「○○すると言い出したので実行すると思っていたら、言わなくなってしまった」「小さな行動を起こし始めたのでこのまま続くかと思っていたら、最近やらなくなってしまった」などというのは、不登校やひきこもりの最中には何回でもあることです。

ところが、そういうときに親御さんは「なあんだ、もともとやる気がなかったんじゃないか」と失望したり「元の木阿弥＝無意味になってしまった」とがっかりしたりなさいます。

が、当の本人も「やっぱり自分はもともと何もできないんだ」と、同じように自分自身にがっかりしていることが多いのです。

このような考え方・感じ方を、ここでは〝打率思考〟と名づけましょう。

つまり、あくまで途中経過で確定していない打率の上下に一喜一憂するのと同様に、本人の状態の波に一喜一憂する考え方・感じ方です。

これに対して私が提案したいのは**「波が上向いたことで出て来た言動（発言と行動）は、波が下向いたことで出て来なくなっても人生の実績として残る（消えない）」という考え方・感じ方**です。ここでは〝安打思考〟と名づけましょう。

つまり、前記のような言動が「無くなった」のは、言動が「永遠に消えてしまった」「無駄だった」という意味ではないということです。

というのは第一に、発言が実行されたり行動が続いたりするためには、本人のエネルギーが一定量に到達していなければなりません。ですからそうならなかったということは、エネルギーがそこまで到達していなかった——少し足りなかった——ということです。

したがって、本人も親御さんもがっかりしたり失望したりする必要はなく「惜しかった、これからもう少しエネルギーを増やそう」と考えればいいことなのです。

第二に、そのとき〝出来た〟ひとつの言動は、野球で言えば「1本のヒット」です。はたからは、言動は現れたり消えたりするように見えますが、本人のなかでは、そのときの感覚は記憶からは消えても体は覚えています。

そのため、そのときの発言や行動は、必ず次の発言や行動の礎（いしずえ）になります。逆に言えば、次の発言や行動は、前の発言や行動の上に積み重ねられたものであるわけです。

したがって、発言が実行されなかったり行動が続かなかったりしても、**発言や行動が出たこと自体を一歩前進だと評価すべき**ですし、**発言や行動を積み重ねていくことによって、各自にとってのゴールに一歩一歩近づいている**、とイメージすることが大切です。

この話は周囲による本人への対応にも当てはまります。適切に対応していても本人の状態は打率のように上下しますが、対応はヒットのようにひとつまたひとつと本人に伝わっています。そのことを知っていれば、迷いなく気長に対応を積み重ねていくことができるでしょう。

次は、この〝対応の積み重ね〟とその効果について考えます。

小さな一歩を評価する

プロ野球界でトップを極めているイチロー選手を引き合いにして不登校やひきこもりの人たちへの見方を提案したことに対し、「スポーツは健全であり人生のプラスになるが、不登校・ひきこもりは不健全だし人生のマイナスになる」といった見方をしている人は「スポーツである野球と不登校・ひきこもりとは違う」と反論されることでしょう。

つまり、野球で「こつこつヒットを積み重ねるより一発逆転のホームランを」と望むように、不登校・ひきこもりの人たちに対して「時間をかけて小さな対応を積み重ねるより、一刻も早く即効性のある対応（特別な治療や訓練など）を施して復帰を実現するべき」ということです。

相談業務や家族会などでも、そういうお考えの親御さんにしばしば出会います。特に長引いているお子さんの親御さんに多いです。

階段で言えば、二段飛ばし三段飛ばしでかけ上がらせようとしているのに似ています。


しかしお話をうかがうかぎり「ことここに至っては、即効性より積み重ねのほうがかえって効果的なのではないか」と感じる場合がほとんどです。階段で言えば、一段一段着実に踏みしめながら、自分のペースで上がらせる方法です。まさに「急がば回れ」です。


イチロー選手は、こんなことを言っています。

「小さいことを積み重ねるのが、とんでもないところへ行くただひとつの道だと思っている」。

とんでもない記録を次々と達成している彼も、普段やっていることは特別なことではなく、小さなことの積み重ね――基本の反復――なのでしょう。

私は、不登校やひきこもりへの対応も同じだと感じています。

特に親御さんは、専門家や支援団体による特別な治療や支援に頼らずとも、**家族にしかできない小さなことを積み重ねるにつれ、本人に変化が現れ始める**ことが多いのです。

では「家族にしかできない小さなこと」とは何でしょうか。そのことを考えるため、まず次に挙げる目標を、ご自分にとって大きい順に並べ替えてみてください。

1．本人が学校／社会に戻る

2．本人が支援を受けるようになる
3．本人が規則正しい生活を送る
4．本人がお手伝いしたり趣味に没頭したり家族と旅行したりする
5．本人が穏やかに楽しく毎日を過ごす

いかがですか。多くの親御さんは「順番どおり」という結果になりませんでしたか？

すなわち、親御さんにとって最も大きな目標は1で、その次が2、……（上から順に小さくなる）ということではないでしょうか。

逆に言えば、最も小さな目標は5で、その次が4、……（下から順に大きくなる）ということです。

そこでですが、親御さんはとかく「1を実現する」あるいは「3から始めて1を

めざす」といった目標で本人に対応しがちです。上のほうばかりを見ておられるわけです。

しかしそのような目標は、学校の先生や支援関係者などがめざしていますから「家族にしかできない」ことではありませんし、多くの場合親御さんの思いどおりに実現していないのではないでしょうか。

これに対して私は、家族は下（小さなこと）から順にひとつひとつ実現していく（積み重ねていく）ことが大事だ、と考えています。それが「家族にしかできない小さなことを積み重ねる」ということです。

ところで、ここで挙げた五つの目標は、三つにまとめることができるものです。すなわち「1と2」「3と4」「5」の三つです。

「1と2」は、公に認められている、あるいはその準備をしている生活（通勤、通学、主婦業、医療や支援を利用、等）です。

「3と4」は、私生活（衣食住、趣味、友だちづきあい、お手伝い、等）です。

「5」は、心と体の健康（自分を大切にする気持ち）です。

私は、この三つを**「心と体」「私生活」「公に認められている、あるいはその準備をしている生活（以下「公生活」と呼びます）」の順に実現していく＝積み重ねていくことが、家族に求められている**と思います。

と言うのも、**本人の心は、家族関係が改善されるに従って安定してきます**し、心が安定してくるにつれ昼夜逆転などの生活リズムのずれも徐々に少なくなり、外出の回数も増えてきます。そうなれば、支援を受ける気持ちも高まってきます。

今のプロセスは一例ですが、そのように「心と体」の上に「私生活」、その上に「公生活」と、積み木を積むように実現させていくのが、最も安全確実に本人が変化していくプロセスであるわけです。

以上のことから私は、家族として当たり前の家庭生活――良好な家族関係の構築、楽しい時間の共有、思い出づくり――を生涯積み重ねていくという意識をお持ちになることを、親御さんにお勧めするものです。

不登校とひきこもりはゆっくりだが確かな〝歩み〟

前述のとおり、私は「本人に合ったペース」「本人の言動と家族の対応の積み重ね」などさまざまな表現を用いて、不登校やひきこもりの人が時間をかけてゆっくり歩めるよう配慮することを提唱しています。

ただ、親御さんや本人の多くは、このような私の考え方をなかなか受け入れることができないようです。

それは「学校復帰／社会復帰に向かって全力疾走を」と願っているだけでなく、わが子／自分が「歩んでいる」すなわち「前進している」という認識すら持てないことが多いからだと思います。

確かに、不登校やひきこもりは「立ち止まっている」「動かないでいる」などと表現されることが多く（私も「立ち止まった」と表現したことがあります）、親御さんや本人の多くもそう認識していることでしょう。

しかしそれは、あくまで外見上のことです。実際には、前述してきたとおり**「不登校とひきこもりは、ゆっくりではあるが確かな歩みである」**と私は確信しています。

水前寺清子さんの「三百六十五歩のマーチ」という歌をご存知の方も多いと思います。

その歌詞のなかに「三歩進んで二歩下がる」というくだりがありますが、不登校やひきこもりは、まさにそういう歩みなのです。

通常、五歩歩けば五歩進みますが、不登校やひきこもりの人の場合は「三歩進んで二歩下がる（3＋2＝5）」わけです。

と言うことは、この歩数を差し引けば「3－2＝1」で「一歩進む」ということですよね。

要するに、**一般の青少年が五歩進む間に、不登校やひきこもりの青少年は一歩進む**、というふうにたとえることができるわけです。

不登校やひきこもりの人の多くは状態に波があり、上向きの波（上り調子）と下向きの波（下り調子）が繰り返し到来します。ただし周囲の対応が良ければ、月日が経つにつれて波全体が徐々に上のほうに向かっていくようになります。

上り調子のときには前向きな発言が増えたり、実際に行動を起こしたりしますが、下り調子のときには後ろ向きな発言が増えますし、行動を起こすそぶりも見えないことがあります。

言い換えると、上り調子のときには後ろ向きな発言が減りますし、下り調子のときには前向きな発言が出なくなったり、起こしていた行動をやめてしまったりします。

不登校やひきこもりのわが子と日々接している親御さんにはご存知のとおり、そういう調子の波は本人の表情や態度、発言や行動（言動）に表れます。

たとえば「○○をやってみたい」「○○に行ってみようかな」などと前向きなことを言ったり、実際に行動に移したかと思えば、やっていたことを力尽きてやめてしまったり、自暴自棄になって「自分はどうせダメだ」「もうこのままでいい」などと言ったりします。

私も不登校時代、「数日間登校して数週間欠席する」というパターンを繰り返していた時期がありました。

このように、振り返ってみるとふた通りの言動が交互に表れている、と気づくことが珍しくありません。これが「調子の波」なのです。

したがって**「上り調子のときに三歩進み、下り調子のときに二歩下がる」**とイメージしておけばいいわけです。

ここで重要なことは、**このような本人の歩みを周囲がどう受け取るか**です。

たとえば、前向きな発言を「一歩」とカウントしておられるでしょうか。「言うだけでは意味がない」と無視して（「進んでいない」と受け取って）おられませんか？

その一方で、後ろ向きな発言や考え、さらには起こしていた行動を失敗したりやめたりしたことは、細大漏らさず把握し「また後退した」と感じて（「一歩下がった」と受け取って）おられませんか？

これでは、下がった歩数ばかりが増えますから「一歩一歩進んでいる」ではなく「一歩一歩後退している」と受け取って当然です。

しかし私の意見では、本人が「○○をやってみたい」などと考えただけでも一歩前進です。小さな一歩ですが。

まして発言したとなれば、それはちゃんとした一歩ですし、行動したとなれば、

郵便はがき

料金受取人払郵便

小石川局承認

7624

差出有効期間
2025年4月
20日まで

（このはがきは、
切手をはらずに
ご投函ください）

112-8790

065

（受取人）
東京都文京区
小石川二丁目三—二三

照林社
書籍編集部 行

□□□-□□□□ TEL　　－　　－

都道府県　　市区郡

（フリガナ）

お名前

年齢　　歳

あなたは　1．医療従事者　2．医療従事者以外

医療従事者の方　1．看護師　2．保健師　3．医師　4．精神保健福祉士
5．介護職　6．その他（　　）

医療従事者以外の方　1．当事者　2．親・きょうだい　3．教師　4．養護教員
5．その他（　　）

今後、出版物（雑誌・書籍等）のご案内、企画に関するアンケート、セミナー等のご案内を希望される方はE-mail アドレスをご記入ください。

E-mail

ご記入いただいた情報は厳重に管理し、第三者に提供することはございません。

『不登校・ひきこもりが終わるとき』
愛読者アンケート

(800101)

★ご愛読ありがとうございました。今後の出版物の参考にさせていただきますので、アンケートにご協力ください。

●本書を何でお知りになりましたか？（いくつでも）
1.書店で実物を見て　2.病院・学校から紹介されて
3.友人・知人に紹介されて　4.書店店員に紹介されて　5.チラシを見て
6.エキスパートナース・プチナースの広告を見て　7.SNSで
8.インターネットで調べて　9.その他（　　　　　　　　　　　　　　）

●本書はどのようにして購入されましたか？
1.書店で　2.インターネット書店で　3.関連の講演会等で
4.その他（　　　　　　　　　　　　　　）

●本書を購入いただいた動機は下記のどれですか？（いくつでも）
1.タイトルを見て　2.表紙に惹かれて　3.目次を見て　4.執筆者を見て
5.内容を試し読みして　6.その他（　　　　　　　　　　　　　　）

●本書をごらんになったご意見・ご感想をなんでもお聞かせください。

●あなたが欲しいと思う本の内容・テーマを教えてください。

ご回答ありがとうございました。ご記入いただいた内容は個人が特定されない範囲で書籍の広告宣伝等に使用させていただくことがございます。

それは大きな一歩なのです。

このような見地から本人の言動全体を眺めながら、前向きな言動を細大漏らさず「一歩」と評価する一方、後ろ向きな言動の裏にある苦悩を受け止める、という心がまえで接し続けていかれれば、本人の調子の波は、だんだん上向きの時期が長く下向きの時期が短くなっていきます。

つまり「三歩進んで二歩下がる」から「四歩進んで一歩下がる」となってくるのです。歩みが早くなってくるわけです。

第6章　本人が望むプロセスを叶える

〝認める〟ことと〝受け止める〟ことが第一歩

私が相談機関「ヒューマン・スタジオ」での10年以上にわたる援助業務を通じて感じ考えてきたことの結論は、不登校とひきこもりは**「本人の生きざまであり、無理にやめさせるべきものではなく、本人が自分の足で踏破する（歩き通す）ことを応援すべきものである」**ということです。

そこで私は、面接相談や家族会などの現場で「本人が歩んでいるペースに合った対応を」と訴え、**本人の前を歩かないのと同時に本人の歩みに遅れ過ぎないような対応**を、親御さん方に提案しています。

その結果、「つい先を急ぎたくなってしまう」と自覚している親御さんにとっては、私の援助がブレーキになっている一方、「どう話しかけたらいいかわからない」「わが子の荒れをいつまで我慢していなければならないのか？」などとお迷いの親御さんにとっては、私の援助がアクセルになっているようです。

「丸山は親御さんのペースメーカー」といったところでしょうか。

いずれの場合も、前提にしているのは「本人のペース」であり「家族をはじめとする周囲が想定（このくらいだろう）または期待（このくらいであるべきだ）するペース」ではありません。

すなわち、本人の願いと思いを前提に据え、本人が持っている良さや力、そして可能性を引き立たせることによって、本人が納得できるプロセスを、自分に合ったペースで歩んでいくことができるよう「控えめながら着実な対応・支援に徹する」

ということです。

このような私の援助方針は、料理では「素材の味を活かす」という言葉に、メイクでは「ナチュラルメイク」という技法に、それぞれたとえることができるでしょう。

工夫を凝らした味付けや別人のように変身するメイクもいいものですが、不登校やひきこもりの人の多くは、自分の心を他者に味付けされたり、別人の心のように変身させられたりすることを望んではいないようです。

「変わりたい」と思っている人たちも、あくまで「納得できる方法とペースで主体的に」という条件が付いているように感じられます。

これらを考えあわせると、本人たちは「〝作り物の自分〟ではなく**〝本物の自分〟でありたい**」という思いを持っているような気がします。

言い換えれば「自分の気持ちをごまかして／自分に嘘をついて」「学校／社会に復帰したくない」と思っていると考えられるのです。

しかし、親御さんや関係者のなかには「自分の気持ちをごまかしてでも／自分に嘘をついてでも」「早く復帰すべきだ」と信じている方がおられます。一方私は、前述のような本人の思いが活かされる方向で生きていける方法を、ギリギリまで追求しながら支援しているわけです。

では、親御さんはどうでしょうか。本や講演から得た「知識」や関係者から伝授された「技術」に納得できなくても「自分の気持ちをごまかして／自分に嘘をついて」わが子に対応して、うまくいくでしょうか。

「知識」として頭で理解されているだけでは「わかってはいるんだけど……」ということで、なかなか実行できませんし「技術」として指示されたことを実行されていても、わが子が動き出さないと「いつまでこの対応を続けなければならないの？」という思いがわき上がってくるのではないかと思います。

このことは、その「知識」や「技術」が、親御さんにとって〝借り物〟であって〝本物〟ではない、ということを示しているのです。

親御さんが自分なりに手探りで接しているうちに「知識」としてではなく「本人とのつきあいが楽だ」「本人とうまく話せる」などといった「実感」を得たり、「技術」としてではなく、日常的に自然にできる対応なのだと気づいたりすることによってこそ「納得」でき、ご自身に合った無理のない方法で本人に対応することができるようになります。

もちろん、100%の納得ということはなかなかありません。親御さんも私も、常に模索と納得の繰り返しです。ただ確実に言えることは、**親御さんがいくら「知**

識」を得ても「技術」を伝授されても、それに納得できなければ〝本物の対応〟はできない、ということです。

大切なことは、用語を頭で理解することではなく、本人と日々つきあうなかで実感を積み重ねていくうちに、だんだん本物の対応のあり方に気づいてくることだと思うからです。

〝小さな変化〟に気づけるようになる

では、ここで言う〝本物〟とは何でしょうか。それは「自分のなかから生まれた、これでいいと納得できる」物事のことです。

その例として、メルマガで唯一〝本物〟という言葉を使って本人への対応についてお話しした部分がありますので、それを引用します。

――したがってスタジオが掲げる目標は、一例を挙げると、本人の状態や希望により「在宅のまま楽になること」↓「生活に楽しさと充実感を得て、世界が広がること」↓「人生を広い視野で考え選択すること」といったように進展します。そういうプロセスのなかで、本人があらためて「自立」を望んだときこそ、それが〝本物〟の目標になるわけです。

このように、**本人も親御さんも模索と試行錯誤の歩みを続けた末に到達した境地で判断したことは、まさに「自分のなかから生まれた、これでいいと納得できる」生き方や対応、すなわち〝本物〟**なのです。

そこで、本人と親御さんが〝本物〟を獲得できる境地に到達するプロセスを、ひとつずつ例示します。

まず本人ですが、「人生」のたとえによく使われる「道」を使って、不登校やひきこもりの人たちの「道の歩き方」を想像してみましょう。

――「ぬかるんで歩きにくい道（＝納得できない人生）」を歩いていて、靴に泥がつき足がとても重く（＝生きづらく）なってきた。そこで、道を歩きやすくする（＝人生を納得できるものに変えて生きやすくなる）必要を感じて進むのを中断し、その場所で行ったり来たりして、道を踏み固める（＝模索と試行錯誤）作業を始めた。

そして「ここはもう大丈夫」と感じたら少し進んだところでその場所を行ったり来たりして踏み固め、また「ここは大丈夫」と感じたらまた少し進んでその場所を行ったり来たりして踏み固め……。

不登校やひきこもりの人の多くは、こういう作業を繰り返しているように私には見えるのです。本人たちが一進一退を繰り返しているように見える理由のひとつが、これです。

しかし、親御さんをはじめとする周囲の方々は、そんな本人を見ていてもどかしくて仕方なく「いちいち道の状態（＝人生に納得できるか）なんか気にするな」「靴の泥（＝生きづらさの悩み）なんか気にしないでどんどん先に進め」という気持ちでいらっしゃることでしょう。

事実、一般の人たちが歩いている道は平たん（＝納得できる人生）か、ぬかるんでいても本人はそういう作業をせず、道が悪くてもかまわず歩き続けていますから、その差はどんどん開いていきます。

しかし、道はいつまでもぬかるんでいるわけではありません。いずれ平たんな道にいたる（＝納得できる生き方に出会う）ときが来れば、そこからは楽に歩くことができるうえ、それまでの道も踏み固め終わっていて平たんになっている（＝「不登校／ひきこもりを含めてこれが自分の人生なんだ」と納得できる）わけです。

不登校やひきこもりの人たちにとっては、これこそ〝本物の道〟（＝「自分のなかから生まれた、これでいいと納得できる」人生）なのです。

次に親御さんです。

親御さんと面接していると、本人の変化を「次の段階に進むこと」のみとイメージされていて、日常生活における小さな変化に、気づかなかったり価値を感じなかったりされているという印象をよく受けます。

納得できる人生を生きられるよう、
模索と試行錯誤をくり返して進む。

「変わりありません」と言う親御さんに詳しくお話ししていただくうち「○○した」「○○と言った」などと本人の言動を思い出し、それらが本人の良い変化の表れであることに気づくことがしばしばです。

ひきこもりの人の場合は特に、本人の良い変化を1週間単位で発見しようとすることは困難です。それが1か月単位でなら、比較的容易になります。本人たちの変化はそれほどゆっくり進み、表れるわけです。

家族など周囲の方が、**そのたびにきちんと対応しながら本人を見守っていると、ごく小さな変化にも気づくことができるようになります。**

それを面接でひとつひとつ確認しながら「先行きへの希望」と「本人への信頼感」を喚起し、ますます落ち着いて対応できるようお手伝いすることが、私の一般的な面接手法なわけです。

こうして、本人はひとつまたひとつと、ハードルを飛び越えるように変化を重ねていきます。それを見ている親御さんもしだいに「亀のような歩みだが着実に前進している」とわかり「自分の対応はこれでいいんだ」と納得して、本人とつきあっていくことができるようになります。

親御さんにとっては、これこそ〝本物の対応〟（＝「自分のなかから生まれた、これでいいと納得できる」対応）なのです。

第7章　対応の3つの基本を理解する

〝共感〟する

かつて放送されていたテレビドラマ「ウォーターボーイズ」をご覧になっていた方はいらっしゃるでしょうか。

私は見ていなかったのですが、たまたまチャンネルが合ったときに見たシーンで、「共感」とはどういうことかを再確認することができました。

大会に出て破れた女子水泳部員が、水泳をやめると言い出した。それを聞いた〝ウォーターボーイズ〟（学園祭でシンクロナイズドスイミングを演じるために結成された男子グループ）は彼女を引き止めようとして「自分たちもがんばっている。だから君も」と説得。だが彼女は「あなたたちと一緒にしないで」と相手にしない。それに対して〝ウォーターボーイズ〟のひとりが「目標に向かって頑張っているところは一緒じゃないか！」と叫ぶ……。

――そういうようなシーンだったと記憶しています。

もしこの話が実際にあったとして、毎日苦しい練習に耐えている水泳部員から見たら、学園祭のために結成された〝ウォーターボーイズ〟なんて、モテたがりの目立ちたがりにしか見えないかもしれません。

このように〝まじめにがんばっている人〟が〝不まじめにやっている（ハンパしている）ように見える人〟に対して「自分とあいつは違う」と思うことがよくあります。

これは、不登校やひきこもりのケースで、本人と父親との関係によく見られます。

本人が「登校しようとしても体が言うことをきかない」「仕事に踏み切れない」などと悩んでいるのに対し、父親は「自分は毎日がんばって通勤している」「いやなことがあっても仕事を続けている」という自負から「それにひきかえお前は・・・」と、わが子をさげすむ気持ちになるわけです。それどころか「自分だってなれるもんならひきこもりになりたいよ！」とまで思ってしまう人もいます。

もちろんこういう感じ方は、本人の父親ではなくても、働いている人すべてに共通するものです。

一方、違う感じ方をする人、できるようになった人もいます。

本人が「登校しようとしても体が言うことをきかない」「仕事に踏み切れない、仕事をしたくない」などと悩んでいるのに対し「わかっているのにできないことって、人間にはあるよなあ」「自分も仕事をしたくないと思うときあるよなあ」「自分も仕事を辞めたくなったときがあったよなあ」というふうに、わが子の気持ちに自分との共通点を見出す（「そういうところが一緒だな」と思う）感じ方です。

共感とは、そういうことです。

この「共感」は、先ほどあげたドラマのシーンからもわかるように、〝まじめにがんばっている人〟が〝不まじめにやっている（ハンパしている）ように見える人〟に対しては、持つことが難しいものです。

しかし、不登校やひきこもりの人は、自分がハンパな気持ちではなく真剣に悩んでいるのだと理解してほしいし、さらに「わかっているのにできないことってあるでしょ？」「自分も仕事をしたくないと思うときあるでしょ？」「自分も仕事を辞めたくなったことがなかった？」などと、同じ人間としての共通項を持つ者どうしとしての共感を、親御さんに持ってほしいのだと、私は思うのです。

日々がんばって働いているお父さん方（もちろんお母さん方も）、ご自身のご苦労とがんばりは、まわりの人々と認め合っているか、認め合っていなくても、いつでも認めてもらえるはずです。ですから、そのうえで、誰にも認めてもらえない、わが子のたいへんな気持ちにも、少し目を向けていただけないでしょうか。

そして「そりゃあ、自分だって仕事をしたくないと思ったことはあるさ。でも自分は仕事を休まなかった」などと、同じ点があるのに違いのほうばかり強調するのではなく、**同じ点が見つかれば、その一点で、わが子に「共感」していただきたい**のです。

ちなみに「共感がほしい」と切実に感じた（「共感」に飢えていた）経験を持った人は、いずれ他者に対して共感できる優れた感性の持ち主になります。あなたのお子さんも、そのひとりです。

わが子の気持ちに自分との共通点を見出し、共感しよう。

〝肯定オーラ〟を送る

不登校やひきこもりの人たちに満たされていない感情のひとつに、「自己肯定感」があります。

親御さんが「それでいいんだよ」「否定することないよ」などと本人に言っても、それで自己肯定感がよみがえることはまれなことです。そこで、言葉で伝えるのではなく「常に家族の一員として認め、大切に思っている」という態度と接し方に徹すること、言い換えれば**〝肯定オーラ〟を送ること、が大切**です。

では、なぜ言葉で肯定しても自己肯定感をよみがえらせることが難しいのでしょうか。

ご存知のとおり、不登校の子は「学校に行けない自分」を、ひきこもりの人は「社会に出られない自分」を、それぞれ否定しています。

「自分はおかしい」「悪いことをしている」「ダメ人間」「何やっても無駄」「どうせ自分は○○だから」等々。

このような人たちへの対応のあり方のひとつとして、「肯定する」と言われることがあります。

つまり「自己否定している本人を周囲が肯定することによって、本人の自己肯定感を取り戻す」というわけです。

そこで、親御さんなど周囲の人が、自己否定感にさいなまれている本人に対して「そんなことないよ」「あなたは大丈夫だよ」「考えすぎだよ」などと励まします。

これらの発言をひと言でまとめると「自己否定するな」ということになります。そしてその意味は「本人の自己否定感を否定する」であることにお気づきいただけると思います。

つまり、対応としての「肯定」とは「本人が否定しているものを否定してあげる」という考え方です。

もちろん、そう言われることで自己肯定感を取り戻す人もいますが、往々にしてそうは受け取らないのが、本人たちの傾向でもあります。

なぜなら、先ほど例に挙げたような本人たちの言葉は、自身の「自己認識」であり、否定的なのはその内容であるにすぎないからです。

言い換えれば、本人たちは自分の現状や先の見通しをまじめに考えて言っているのであって、それを否定されると「まじめに考えていることを軽んじてちゃんと聞いてくれない」と感じてしまうのです。

そのため、本人たちは「だってそうじゃないか」「何を根拠にそうではないと言えるんだ」などと反発するわけです。

周囲の人がかけてくれる肯定の言葉も、本人たちには〝気休め〟や〝他人事〟にしか聞こえないのでしょう。

では、本人たちの自己認識は正しいのかと言えば、もちろんそうとは言えません。不登校やひきこもりそれ自体が否定されるべき生きざまなのではなく、社会の価値観からの影響によって否定されるべきことだと思わされている、というのが本当でしょう。

「だからそういうことを伝えて、自己肯定感を取り戻してほしいんじゃないか」

というわけですよね。

「わが子が否定的な言葉を漏らすと、肯定的な言葉を返したくなる」というのが、親御さんの心情だということもわかっています。

しかし一方、本人たちの自己認識は、それまでの人生で培われてきた感じ方や考え方から出てきたものです。誰でも自分の感じ方や考え方は大切であり、簡単には否定されたくないものですが、本人たちはなおさら、自分の感じ方や考え方を否定されたら立つ瀬がなくなるわけです。

では、どうすればいいのでしょうか？

私が考える**「肯定」とは、「否定しない」ということ**です。たとえば「本人の自己否定感を否定する」ことは、そのとおり「否定」なのです。否定の否定は「肯定」ではなく、やはり「否定」です。

それなら、本人の自己否定感を肯定するのか。もちろん肯定はしません。でも、否定もしないのです。「今の本人はそういう感じ方考え方しかできない」ということを認めるのです。

すると、親御さんは「わが子が否定的な言葉を漏らしても肯定的な言葉を返さない」ことになりますから、返答に窮して「そうかなあ？」という〝疑問〟か「自分には何とも言えないなあ」という〝逡巡（しゅんじゅん）〟か、そのあたりのことしか言えなくなります。

本人からは「はっきりしろ！」と言われるかもしれません。ただ〝気休め〟や〝他人事〟にしか聞こえない肯定的な言葉よりは、はるかに肯定的に伝わりますし、何より「聞いてはもらえている」という安心感が芽生えるのではないでしょうか。

ただし、このように〝気のきいたことが言えない〟というのは、親御さんにとってたいへん苦しいことでしょう。

そこで、「〝肯定オーラ〟を送る」ということが重要になってくるのです。

つまり「言葉」ではなく「態度」「接し方」によって、本人を肯定していることを伝える、ということです。

これは、本人の存在自体――〝不登校／ひきこもりの部分以外〟ではなくすべて――を肯定することによって、常日頃から一般の家族と同じような関係とコミュニケーションを続ける、ということです。

もちろん、本人の状態がそれをやりにくくさせている面もあり、徐々に進めていく根気が必要です。ただ、その積み重ねの日々は、いずれ本人の表情に、態度に、よい変化をもたらすことでしょう。

心情を〝受容〟する（心情に気づく）

私はこれまで、数か所の親の会の例会に参加させていただいたり、自ら「家族会」

を開催したりするなか、「いつまで同じことを続けなければならないの？」という親御さんの言葉をしばしば聞いています。

精神科医やカウンセラー、相談員などから、毎回穏便な対応（「見守っていて」「○○はしないで」「○○だけは続けて」など）を指示されている親御さんは「話したいのに余計なことは言うなと止められている」「指示された対応を毎日繰り返しているだけ」など、わが子のためと我慢しながら過ごしている……といった方が少なくないことでしょう。

この言葉からは、「指示や助言に従っていれば、わが子はいずれ動き出す」と信じていながら、一向にその気配のない本人を見ていて「ほんとうにそうなのか？」「いつになったら効果が出るのか？」などと揺らぎ、葛藤している親御さんの切なさ、苦しさがうかがわれます。

この言葉に対して、私は**「親御さんご自身が納得できる対応を見出すことが必要」**と、考えています。

そのためには、「まずはその指示や助言の真意をさらに問い直すこと」が大切です。

と申しますのも、親御さんが「いつまで同じことを続けなければならないの？」とおっしゃりたくなる理由のひとつに、対応のキーワードである〈肯定〉、そして〈受容〉といった用語を誤解なさっているケースがあると感じるからです。

たとえば、メルマガやそれを活字化した「ワンポイントブックレット」の読者のなかに、対応に関する私の意見を「本人のしたいようにさせておく」とか「本人が気づくまで放っておく」などと読み取り「それに従ってわが子の荒れに耐えているが、そういう対応をいつまで続けなければならないのか？」とおっしゃった方がおられるのです。

確かに、私は「不登校・ひきこもりの〝終わらせ方〟はない」（第15章321ページ参照）などと「本人しだい」であることを強調してきましたし、第3章で「無条件の肯定です。寄り添い続けるのです」（83ページ参照）とも書いています。

そのあたりを捉えて「本人に働きかけてはならない」「本人に何をされても止めてはならない」などと読み取ってしまわれている方がいらっしゃるのかもしれません。

ちなみに私は〈肯定〉という言葉はよく使いますが、メルマガのなかでは〈受容〉という言葉は一度も使ったことがないと思います。

しかし、かつてインターネットのある掲示板で「〈受容〉という言葉を自分に言い聞かせて、わが子からの暴力や使い走りさせられることに耐えている、でもこのままでいいのかとも思う」という親御さんの書き込みを見たこともあります。

〈受容〉〈肯定〉などの言葉の難しさ、危うさを自戒させられる思いです。

そこで、私が考えるこれらの言葉の意味をご説明します。

もともと不登校・ひきこもりは、一般に「周囲の対応・支援によって治すべきもの」「一日も早く本人を学校／社会に復帰させられる即効的な対応・支援をすべきもの」などと捉えられています。

それに対して私は「本人の生きざまであり、無理にやめさせるべきものではなく、本人が自分の足で踏破する（歩き通す）ことを応援すべきものである」と考えています。

そのため、相談場面でもメルマガでも「本人の気持ちを理解し、その意思を尊重しながら、本人にも周囲にも無理のない自然な対応を積み重ねる」という考え方とその方法を、繰り返し提案しているわけです。

このような言説には、確かに〈受容〉〈肯定〉などの言葉がよく似合います。

ただし、重要なのはその中身です。すなわち**「何を〈受容〉するか」「何を〈肯定〉するか」**ということです。

人の心には、相手の言動（発言と行動）を受け取る〈行の窓口〉と、相手の心情（愛情や気持ち）を受け取る〈情の窓口〉があります。

そして、〈行の窓口〉は「意識」に、〈情の窓口〉は「無意識」に通じています。

そのため、相手の言動（発言と行動）は「意識」に届くからすぐ気づきますが、相手の心情（愛情や気持ち）は「無意識」に届くからすぐには気づきません（「無意識」

の部分は自分では気づきにくいからです）。

どうでしょうか。「本人を受容／肯定する」と聞いて、わが子の言動（発言と行動）を「受容／肯定する」と解釈なさってはいないでしょうか。

本人が望んでいるのは「自分の言動（発言と行動）」ではなく、その奥底にある「自分の心情（愛情や気持ち）」を「受容／肯定する」ことなのではないでしょうか。

たとえば、暴力や暴言、無茶な要求を受け入れ続けていて、それらがエスカレートしたり、いつまでたっても止まらなかったりしていないでしょうか。

そのときの本人は「のれんに腕押し」の心境かもしれません。「親が反応しない」あるいは「親が心にもない反応を返している」と感じるからです。そういうもどかしさから、ますますいら立って「これでもか、これでもか」とエスカレートしたり際限なく続けたりするのではないでしょうか。

つまり、本人がそのように感じるのは、親御さんが本人の言動に対して、ご自身に生じた感情を無理に抑えている結果、本人との「心情の交流の回路」が閉ざされているからではないか、と思われるのです。

本人の暴力や暴言、無茶な要求は、本人の心情（焦りや自己否定感や理解してほしい気持ちなど）の表現なのです。だとすれば、それに対する親の心情が返ってきて初めて、本人は親と心情で交流している実感が得られ、徐々に感情がやわらいでいきます。そして**本人が求めているのは、親の「わが子の心情を受容／肯定しようとする心情」**なのです。

第2部
実践編

不登校・ひきこもりという
〝歩み〟につきあう

不登校やひきこもりへの対応として、通り一遍に「待つ」ということが強調され、それを頭で理解した親御さんが、無理に本人への関わりを断って、放っておいてしまう、という話を聞いたことがあります。

しかし、これはいかにも不自然です。親子・家族なら、当然日常的なコミュニケーション・関わりというものがそれぞれあるはずで、そのスタイルを変えてまで本人から手を引いてしまっては、もはや家族としての接し方ではありません。

不登校やひきこもりへの対応で最も重要なことは「特別な対応をしない」ということです。したこともない家族会議を開いたり、「登校したら何々してあげる」と交換条件を出したり、だまして病院に入院させたり、などといった技術的あるいは策略的な〝特別指導〟をしない、ということです。

「待つ」というのは、特別な対応、つまりわざと本人への関わりを断つ、ということではなく、それまでどおりの本人との関わり、つまりそれまでどおりの家族関係を続け、そのなかでのコミュニケーションを積み重ねながら、本人がエネルギーを蓄えることを待つ、ということなのです。

私は、相談場面や家族会などで、対応策について質問されたとき、まずはこう答えるようにしています。「特別なことをしようと考えないように」。

親御さんや周囲の方々にそのことに気づいてほしいから、私は相談員をやっている、とさえ言えます。

第8章　ケーススタディ――私の不登校・ひきこもり体験記

〝新しい自分〟を〝身ごもる〟

私は、医師という家業を持つ家の次男である父のもとに生まれたひとりっ子として、小学校低学年の頃から、家業を継ぐか、少なくとも父と同様T大に進学するという父や周囲の期待を一身に背負って育ちました。

ただ、父は表立って勉強を強要するようなことはなかったので、私は父の期待を重荷に感じるどころか、むしろ自発的に、まるで脚本を書くように、父の期待に沿った将来像を自分のなかに思い描いていたのです。

しかし、人間には、生まれ持った気質・個性というものがあります。私はもともと遊びや運動が好きで、親の意思に素直に従って勉強に打ち込むようなタイプではありませんでした。なのに、私は早くから「いつかは一生懸命勉強するようになって有名大学に合格する」という〝非現実的な自己像〟を持ってしまっていました。

そのような自己像も、大学受験まで年月がじゅうぶんあった小学生時代は、何のプレッシャーも生み出しません。中学時代も、大学受験までは3年以上ありますのでまだプレッシャーを生むところまではいきませんでした。そのため私は、本当の自分といちども向き合うこともなく、中学を卒業したわけです。

ところが、高校に進学したら次はもう大学受験は目の前です。しかも、高校での苦手科目のテストの、難しいこと！

ずっと持っていた非現実的な自己像と、勉強嫌いで成績も悪い現実の自分とのギャップを、私は思い知らされ続けることになりました。
もう自分をごまかすことはできません。私の生き方は行き詰まった——私は、心の中に〝新しい自分〟を身ごもった——のです。

この頃から私は心身ともに疲れやすくなり、時には「退行＝赤ちゃん返り」（夜母に添い寝をせがむ）という症状が出るようになりました。

そして、高校入学半年後の頃から時々学校を休むようになり、ついに、2学期最後の2週間と3学期のすべてを、休んでしまったのです。

3学期になって、両親は県の相談機関に相談したり、父の友人から借りた、子どもの問題について書かれた本を読んだりしていました。その本は私も読み、自分の状態が「登校拒否」（当時「不登校」という言葉はありませんでした）と呼ばれる問題であることを知りました。

しかし「登校拒否」は、当時「心の病気」と考えられていましたので、「心の中に〝新しい自分〟を身ごもったため、人並みに生活できなくなった状態」だということを、当時の私は知る由もありませんでした。

結局、私は出席日数不足で留年になり、以来、罪悪感・プレッシャー・負い目・自己否定感・葛藤・その他さまざまなマイナス感情による心の調子の悪さにより「数日間登校しては数週間休む」というパターンを繰り返す2年間を過ごすことになりました。

……今から考えると、このようなマイナス感情は〝新しい自分〟を身ごもっているために起こる〝心のつわり〟だったのです。

初めて留年した2年目の初日、登校した私は、学校内外の風景がすべて逆立ちしているような感覚に陥り「どう自己紹介すればいいのか」「クラスメートとどうつきあえばいいのか」という不安で、翌日からはもう欠席が続くようになりました。

私は、学校に対しては「理由もなく欠席して、先生方やクラスのみんなに申し訳ない」という罪悪感を抱き、「学校に行かない自分はダメ人間」だという常識に従って、朝起きられるようにと、居間に布団を敷いて寝るなどして、がんばって登校した日もありました。

しかしたいてい、登校しようとしても、かえって緊張と焦りが大きくなり、その反動で無気力状態におちいっていました。

また、「親はわが子を立ち直らせるために勉強し、努力すべきだ」という考えから、ひんぱんに母に話し合いを持ちかけては、そういう要求や私の気持ちに無理解な言動への抗議に明け暮れました。しかしこれは「親に助けてほしい」という依存心の表れだったと思います。

この2年間、私には、うれしいこと、つらいことがたくさんありました。

うれしかったことは――

「理由もなく学校を休んでいる自分なんか、登校しても無視されるか陰口をたたかれるくらいだろう」と思っていたのに、たまに登校したときに、クラスメートが優しく受け入れて、親切にしてくれたこと。

父が「立ち直らせるために」と考え、犬をもらったこと。

父の知り合いの勧めで「夏休み子ども合宿」のボランティアスタッフをやったこと。

つらかったことは――

両親や学校の先生や父の友人に責められたり説教されたりしたとき。

担任の先生やクラスメートが、心配してくれる気持ちが伝わったとき。

留年するたびに迎える、クラスメートとの別れ。

一緒に入学した同期生の卒業。

この2年間、こうしたすべての出来事を栄養にして、私のなかの〝新しい自分〟が少しずつ育っていきました。

その証拠に、私は友情の素晴らしさや人間関係の大切さを知りました。

「自己変革」（友だちをたくさんつくり、学校生活を楽しめる自分に変わる）という目標もできました。

3回目の留年となった次の1年、私はそのような教訓を活かして、積極的にクラスメートのなかにとけ込んだだけでなく、スポーツや歌や作文など、得意なことを発揮する機会に恵まれて、楽しい学校生活を送ることができるようになりました。

しかし、それでも私は、必ずしも心が安定していたわけではなく、出席日数も、楽に進級できるほど増えてはいませんでした。

同時に、私のなかで大きく育ってきた〝新しい自分〟の〝出産〟が迫っていました。

〝新しい自分〟の〝出産〟

その年、つまり高校4年目の3学期、私は息切れして再び不登校状態に逆戻りし、進級できる出席日数に達することが不可能になってしまいました。

「4回目の留年なんて認められるはずがない。今度こそ退学だ」。

もともと学校嫌いではなかったうえ、この学校の1期生だった私は、〝愛校心〟を抱いていました。おまけに当時は、フリースペースもフリースクールもサポート校も大検予備校も、何もない時代でした。

そのため私は、退学後の人生が想像できず、退学になることを死ぬことのように恐ろしく感じていました。

……〝新しい自分〟を出産するための〝陣痛〟が始まりました。

3月に入ると、私は毎晩母を話し合いに付き合わせて、取り返しがつかない状況になったことに対する、愚痴や八つ当たり的発言を繰り返しました。自分の苦しみを際限なく母に訴えて母の睡眠時間を削り、そして最後には、パニック状態になって暴れてしまいました。

ところがその翌朝、つき物が落ちたように、私は落ち着きを取り戻したのです。そしてその日、一日中、自分のことを考えていました。

そのうち「退学どうこう」という心配が頭のなかから消え去り「自分の人生」が心配になったのです。言い換えれば、学校のことが、それまでは自分の人生のすべてだったのが、このときから、自分の人生の一部にすぎなくなったのです。

この大変化によって私は「退学になっても元気で生きていけば、何とかなる」と確信しました。その瞬間、目の前がパーッと開けたような明るさと、体の中からこんこんとエネルギーがわき出る感覚が生まれたのです。この心境を風景にたとえると「日の光が降り注ぐ森の泉」という感じです。

……これが〝新しい自分〟の誕生の瞬間だったのです。

それまでの自分は「教育されるため」に通学する人間であり、有名大学に進学することにしか人生の価値を認めない人間でした。

しかし〝新しい自分〟は「さまざまな教育場面（学級活動・部活動・生徒会活動など）を活用するため」に通学する人間であり、豊かな人間関係をはぐくむことに人生の価値を認める人間です。

こうして〝新しい自分〟に生まれ変わった私は、異例の４回目の留年を許可されたあと、４歳年下の同級生と和気あいあいと過ごしながら、部活動、クラス活動、生徒会活動と次々に活動の手を広げるという、まさにさまざまな教育場面を活用しながら、３年間を、思いっきり楽しんだ末に卒業しました。

……これが、私の７年間の高校時代の出来事です。

今でこそ、私は何事もなかったかのように、不登校とひきこもりに関する相談や啓蒙に飛び回っています。でも、そんな今の自分は、高校時代に生まれた〝新しい自分〟なのです。

もし不登校にならなかったら、私は、人間関係の大切さを知っている〝新しい自分〟を生み出すことのないまま、おとなになっていたことでしょう。そんなおとなにならなくて、ほんとうに良かったです。だから、不登校になって良かったと思えるのです。

不登校になるということは、自分のなかに〝新しい自分〟を身ごもった、ということです。そして〝新しい自分〟を出産するまでの間に経験する、罪悪感や負い目や葛藤は〝心のつわり〟〝心の陣痛〟です。そんな産みの苦しみの末に、出産を迎えるわけです。

不登校になるということは、自分のなかに“新しい自分”を身ごもったということ。葛藤の末に出産を迎える。

ですから、不登校への対応は、妊婦への対応と同じです。無理をさせず、かといって特別扱いせず、さり気なく支え続けることです。

再び不登校に

充実していて楽しかった高校最後の3年間と比べ、私にとって大学時代はいい思い出がほとんどありません。

それは、不登校が終わったあとに両親にされた、ある対応がずっと引っかかっていた私が、両親にその経緯や動機を問いただし、間違っていたことを認めさせようとしたことが発端でした。

このとき「また不登校時代のような親への反抗が始まった」と思った両親は、事実関係について私に嘘を教えたうえ、ごまかしや策略によって私を操作してこの局面を乗り切ろうとしたため、話がかみ合わなかったり空回りするようになりました。そして「らちがあかない」と焦る私は精神的に不安定になり、両親とケンカするようになりました。

すると不思議なことに、不登校時代の心と体の感覚がフラッシュバックしたかのようによみがえって、実際に欠席が増えていき、教職課程をとっていたため必要単位数が多かった私は、単位不足で2年生を留年してしまったのです。

高校を卒業したときすでに同期の人々から4年遅れていたことを気にしていた私にとって、さらに1年遅れることは、驚天動地の出来事でした。そのショックから2か月間くらい再び不登校状態になってしまったほどです。

そのうえ、夏休み中に両親とのトラブルや自分の今後の生き方について、立場の違う3人のおとなに相談したら、揃って私の考えに否定的な答えだったうえ、ひとりの人からは「君のここが悪いあそこが心配」とコテンパンに責められてしまいました。ショックを受けた私は、それ以来自己否定の塊となり、抜け殻のように自宅と大学を往復するだけの生活が約2年も続いたのでした。

そんな私を救ってくれたのは、4年生のときに取り組んだ、不登校をテーマにした卒業論文での研究でした。

研究をすすめるなか、本人の私以上に不登校を肯定する人の本に何冊も出会いました。私は、そんな本を読むたびに感動し、ときには涙ぐむことさえありました。

こうした数々の本に出会っていくうちに、私は「(最高に充実していた) 高校最後の3年間に起こった出来事は、その前に不登校での4回の留年がなかったら、起こらなかったことばかりだった」という事実に初めて気づいたのです。

こうして私は、自分の不登校を肯定することができるようになり、抜け殻状態から脱出して、高校最後の3年間の頃のような快活さと積極性を取り戻したのです。
なんとか出身高校で教育実習も終え、大学卒業後は出身高校で非常勤講師として働き始めました。

〝生きるのみ〟という名の〝荷物〟――谷底から抜け出す

人は「世間の常識」という〝よろい〟で身を包み「こだわり」という〝荷物〟を背負って「人生」という〝道〟を歩いています。

私は、二度と策略的な対応を受けてもトラブルにならないよう、大学卒業を機に「両親の見方に自分を合わせる、つまり不登校時代と変わらない人間になる」という〝荷物〟を背負いました。

というのも、自分の大学時代の苦しみの原因は「不登校時代から成長していた大学生の私と、私を不登校時代と変わっていないと見ていた両親との、ギャップによる衝突」だと私は考えていました。

両親をはじめあらゆる人に、再三「親は一生変わらない」と教えられてきた私は、自分が両親との接し方を変えない限り、大学時代のような衝突が永遠に続くと予想し、両親の見方に自分を合わせる（両親の見方どおりの人間＝不登校時代と変わらない人間になる）ことで、両親との衝突を避ける生き方に変えようとしたのです。

これは、私が苦しみの末に、ようやく受け入れた現実であり、ようやく到達した人間観・社会観であったため、非常に強く確信していました。

ところが、非常勤講師の任期が切れた大学卒業1年後に起きた両親とのトラブルによって、両親は私が大学を卒業したことを機に私への見方を変え、普通の接し方に変化していたことが初めてわかったのです。

「おとなたちみんなが口をそろえて〝親は一生変わらない〟と言ったからそれに対応したのに……」

「おとなって？　そして、おとなたちによって形成されている社会って？」

確信を持っていた人間観・社会観が崩壊し、私は、両親が変わった事実を現実として受け入れることができず、「おとな」や「社会」が理解できなくなりました。それはまさに、果てしない喪失感・空虚感であり、夢を見ているような現実遊離感でした。

そして、社会を別世界のように（逆に言うと自分が社会の外側の人間であるように）、あるいは自分が社会の異物であるかのように感じるようになったのです。

このとき、私の目の前には〝別れ道〟がありました。片方は上り坂になっている〝道〟、もう片方は下り坂になっている〝道〟です。

多くの人は、この〝荷物〟を捨てる（＝両親にされたことを気にしない、両親との関係を考えることをやめる、家を飛び出す、など）のでしょう。そうすれば身軽になって、上り坂になっている〝道〟を歩いていく（世間並みの生き方をする）ことができるのですから。

しかし、私にはそれができませんでした。私は、両親の矛盾した言動への疑問にこだわるあまり、自分の人生設計に手がつかなくなったのです。そして〝荷物〟の重みで、下り坂になっている〝道〟を、前のめりに歩いていった（＝ひきこもり状態に突入した）のでした。

そして、話し合いのなかで、私が前述の大学時代に問題にした対応について、母が「大学時代に教えた事実は嘘で、本当はカウンセラーの指示によるものだった」と証言したことで、私は「教育や援助って何だ？」という〝荷物〟も背負い込みました（＝教育やカウンセリングの問題点を考えるようになり、その問題意識から選んだ本に、多くを学びました）。確かに「自分が経験した限り、教育やカウンセリングには〈子どもの気持ちを無視してあやつる〉という共通の構造がある」と私は考えました。

教師という「教育の推進者」をめざしていた私が、この頃から、子ども主体の学習を行う塾や、不登校向けの相談機関兼フリースペースの設立、あるいは、教育のされすぎから身を守るための青少年向け自助グループの結成、など「教育のブレーキ役」としての仕事や活動を志すようになりました。

その後、自分に児童福祉施設の受験資格があることがわかったことをきっかけに、児童福祉施設や民間教育機関（サポート校など）といった、子ども関係の職場に就職したいという思いがフツフツとわき上がり、就職活動を始めました。しかし、年齢制限の壁や履歴書の空白など、多くの障害にぶつかったうえ、仕事をしている他人と自分を比較するようになり、負い目や嫉妬心に苦しむようになりました。

苦しみながら足かけ3年に及んだ就職活動は、すべての受験先に不合格という結果に終わり、私は自分の無価値ぶりに絶望しました。

気がつくと私は、下り坂になっている〝道〟を下りきり〝谷底〟（＝人生のどん底）に来てしまっていました。

〝谷底〟は、太陽光線が地面に反射した熱（輻射熱）がこもっていて、とても暑い場所でした。生きるか死ぬか、という息苦しさです（＝人生のどん底にいる心境は、死にたくなるほどのつらさです）。

もはや私は、背負っている〝荷物〟を全部捨て「世間の常識（たとえば〈仕事をしない人間は無価値〉〈生きているだけでは人間とは言えない〉）」という〝よろい〟を脱いで身軽になる（＝気持ちが軽くなる）ことでしか、熱射病（＝人生の破滅）を防ぐことはできない状況です。

ここで私は新しい〝荷物〟を見つけました。「生きるのみ」という名の〝荷物〟です。そこには「野性動物のように、自分の生死を自然に委ねて生きる、それ以上は何も望まない」という〝説明書〟が入っていました。

私は、今までの〝荷物〟を全部捨て〝よろい〟も脱いで、この〝荷物〟だけを背負うことにしました。身軽になった私は、上り坂になっている〝道〟を歩いて〝谷底〟から抜け出したのでした。

……おわかりいただけたでしょうか。私が〝よろい〟を着たまま、次々に背負いこんだ〝荷物〟は、どう扱っても軽くなるはずのないものでした。そのため、自分で自分を極限まで追い込んで、初めて「〈こだわり〉はすべてそのままにして、ただ生きるだけでいいのだ」ということに気づいたとき、社会に出るエネルギーがよみがえったのです。

過去の不登校体験を肯定する

親御さんは、わが子が不登校になったとき「この先どうなるのだろうか？」「将来ちゃんとしたおとなになれるのだろうか？」といった不安にかられることと思います。

しかし、これまでにもお話ししたように、不登校じたいは本人の生きざまのひとつです。大多数の不登校の子は、結局は問題なく就職や結婚などをしているのです。

反面、不登校が終わったあと、しばらくしてから再び不登校になったり、不登校ではない別の問題を起こしたりする人たちがいることも事実です。前述のとおり、私もそのひとりでした。

多くの場合、原因は「不登校の子＝ダメ人間」という社会常識にあります。その結果、不登校を肯定できていない元当事者は、自分自身を常に「ダメ人間」と思っていることになります。

生きていくうえで、このような自己像は、大きなハンディキャップになります。だからそういう人は、人生のなかで非常につまずきやすいです。

つまり、何かで失敗したりトラブルに直面したりすると「自分は不登校になるような人間だからやっぱりダメなんだ」という自己嫌悪に襲われてしまい、落ち込み方がひどくなりやすいわけです。

反対に、社会の常識を超えて、不登校を肯定できた元当事者は、堂々とそしてイキイキと生きています。「不登校になったことで、こういういいことがあった」という認識を持っているので、不登校をプラス体験だと考えています。

このような人は、何かで失敗したりトラブルに直面したりしても、前述のような自己嫌悪に襲われることはないわけですから、落ち込み方も普通です。だから人生のなかで非常につまずきにくいです。

私の体験からも、過去の不登校を後悔している限り、トラブルが起こると、いとも簡単につまずき苦しんでしまうこと、逆に不登校を肯定できれば、元気に明るく生きていけることが、おわかりいただけると思います。

このように、不登校のその後がうまくいくかどうかは「本人が不登校体験を肯定できるかどうか」にかかっているのです。

では、不登校体験を肯定するためにはどうすればよいのでしょうか。

それは、本人が「不登校の子＝ダメ人間」という社会常識を超えることができるように、常識にとらわれない考え方や人や場に出会うことです。

私のように、本を通じて不登校肯定論と出会う。不登校肯定論者に出会う。過去を意に介さず、生身の自分とつきあってくれる、度量の広い人と出会う。どれもとてもいいことです。

一方、場のことでいうと、私のように学校復帰した人より、フリースクールなど別の場に移った人のほうが、不登校体験を肯定しやすいように思います。

なぜなら、学校復帰したら、不登校体験のないクラスメートに囲まれるため、私がそうだったように〝普通〟でありたくなりがちですが、フリースクールなどに移ると、そこには多くの不登校経験者がいますので〝元当事者〟として生きることへの抵抗がなくなるからです。

いずれにしても、本人の不登校体験を、周囲の人々が肯定できれば、不登校のその後が格段にうまくいくことは、言うまでもありません。

第9章　ケーススタディ――私はこの対応に支えられた

重要なのは〝一般的〟〝日常的〟な対応

前章では、私の不登校・ひきこもりの体験をお話ししました。

この章では、体験記でお話ししなかったことにも触れながら、不登校への対応のあり方について提案したいと思います。

まずは、私が不登校時代に受けた主な対応の要約を示します。

●

――不登校の初期、両親は「病院に行ってはどうか」「薬を飲んではどうか」などと勧めるだけだったが、県の教育相談機関に相談したときに「原因は友人がいないからで、登校すれば友人ができて休まなくなるから、無理にでも登校させるべきだ」と助言されたこともあり「いつ登校するのか」「学校に行く気がなければ別の道を」などと、三日にあげず私を詰問するようになった。

——その後も両親は、私の不登校の原因を「思いどおりにならない親への腹いせに学校を休んでいる」と誤解していたため、私が母を話し合いにつきあわせて発言したことの真意を理解することはなかった。

——3年目の担任のB先生は、夏休み明けに1対1の「交換ノート」をしようと誘った。そのなかで先生は「進級できるかどうかよりも、君自身がどう生きるかのほうがはるかに大切」という趣旨の内容を繰り返し書いた。

——不登校が始まった1年目の担任だったA先生は、翌2年目と4年目にも私の担任を引き受け、特に4年目の終わりには強力に私を弁護し、異例ともいえる4年目の留年を実現させた。

——その年度に私がかかった神経科クリニックは、私に脳波検査を実施したうえ、軽い睡眠薬を処方。またカウンセラーによる週1回のカウンセリングの内容は「今週何日出席したか」「睡眠薬は飲んでいたか」「睡眠薬で生活を正して毎日登校を」という話しかしなかった。

●

上記を含めて、私が不登校時代に受けた対応には、次のようなものがありました(カッコ内数字は「入学○年目」という年数)。

《親から》	登校催促・無理解な言動	犬をもらって来る（2年目）
《担任から》	登校催促・無理解な言動	交換ノート（3年目）
《クラスメートから》	連絡・励まし	連絡・励まし
《専門家から》	登校催促の指示（1年目） 脳波検査とカウンセリング（4年目）	
《親の知り合いから》	私を呼び出して説諭（3年目）	夏休み子どもキャンプのスタッフとして参加を勧誘（2年目）

以上、それぞれの立場の人からの対応を列挙しましたが、対応を上下に分けて挙げたのには理由があります。おわかりでしょうか。

じつは、上側に挙げたのは私にとって不適切だった対応、下側に挙げたのはやってくれて良かったと私が思っている対応なのです。

どちらも、私を登校させるための対応だったにもかかわらず、私にとって不適切だったものと良かったものとに分かれたのは、なぜでしょうか。どんな違いがあったのでしょうか。

上側と下側の対応は、次の二点に違いがあります。

第一点は、誰のためにもなる対応か、不登校やひきこもりの人に限定した対応か、という違いです。

この二点に照らして私が受けた対応を眺めてみると、上側の対応は、不登校の子にしか行われず、学校復帰させるだけの意味しかない「特別」「非日常的」なもの（不登校にならないと経験しない）であるのに対して、下側の対応は、誰のためにもなるし、それぞれ学校復帰以外のいろいろな意味を持っている「一般的」「日常的」なもの（誰でも経験する機会がある）であることがわかります。

つまり、上側に挙げた対応は「登校させるため」という本来の目的以外には、特に意味のないものばかりだったのに対し、下側に挙げた対応は「登校させるため」という本来の目的以外にも、それぞれ意味のあるものばかりだった、ということです。

たとえば「情操が豊かになれば登校できるようになるかもしれない」と考えた父が、子犬をもらったり、知り合いに頼んで夏休み子どもキャンプのスタッフとして参加を勧誘させたりした対応について言えば、犬はその後15年間生き、私たち家族に、動物とふれあう楽しさや優しい気持ちなどに気づかせてくれ、忘れがたい素晴らしい思い出を残してくれましたし、子どもキャンプでの、自然のなかでの小学生やスタッフとの共同生活も、私に大きな感動を与えてくれました。

また、担任の先生との交換ノートでも、自分の生き方を変えるきっかけを私に与えてくれました。

そもそも、犬を飼うことや子どもキャンプでボランティア活動をすることは、不登校の子でなくても、多くの子どももおとなも経験して、とてもためになっているでしょうし、担任の先生と濃密な対話を行うことだって、不登校の子でなくても誰がやっても、いい経験になることです。

私の場合も、これらの経験は、不登校が終わったあとの高校生活のなかで、またその後の人生のなかで、大きな財産になっているわけです。

上側の対応を否定はしませんが、それにもまして下側のような「一般的」「日常的」な対応は、とても重要なものです。

要するに**「登校させるため」という本来の目的を実現させるにはいたらなくても、本人にとって人生の財産になったものなら、それはそれで素晴らしい対応**だと私は思うのです。

したがって**ご家族は、特別なことを考えずに日常生活の場である家庭の幸せを追求していれば、自ずとそういう対応ができるようになる**はずです。

たとえば、家庭の習慣や親御さんの態度を無理に変えるのではなく、今の範囲内で可能な対応を考えます。ただし、何かを誘ったり頼んだりするのは「面白そうだ」「やってくれると助かる」などという動機が自然に生まれたときに限ります。

「そんな抽象的なアドバイスでは……」「自分の対応が適切でなかったらどうしよう……」など、ご不安は尽きないことでしょう。

「一般的」「日常的」な対応こそが、とても大切。

確かに、不登校やひきこもりの人のご家族は、日々本人と接していて「不適切な対応だったな」とか「失敗したな」と思うことが少なくないでしょう。まさに、葛藤・迷い・試行錯誤の繰り返しですよね。

でも、それでいいのです。

不登校やひきこもりの人への対応は、全体としてプラスであれば成功になるのです。すなわち「適切な対応」が「不適切な（失敗した）対応」を（回数より与えた影響の大きさが）少しでも上回れば、差し引きプラスになります。つまり、**不登校やひきこもりへの対応は　〝やり直しがきく〟**のです。

しかも、私の場合がそうだったように、周囲が「学校や社会への復帰」を目標にやったことでも、その対応が誰のためにもなる、目標以外に意味があるものだったら、結果的に適切な対応になるわけです。

私も、そういう対応を含め、振り返ってみれば上側の対応より下側の対応のほうが影響が大きかったからこそ、こうして今があるわけです。

ぜひ、「本来の目的以外にも意味のある、誰が体験してもためになることをやらせる」という発想に立って、不登校やひきこもりへの対応を考えてみてはいかがでしょうか。本人の人生は長いのですから。

意識のズームアウトが心の余裕を生む

私は高校2~3年目、4分の1足らずの日数くらい登校していて、その最中の3年目の2学期、当時の担任のB先生と「交換ノート」をやり始めました。

そのなかで私は、両親との葛藤（両親が自分に無理解なので困る）や進級をめざす思い（〝生徒生命〞が絶たれないために○○する）などの話題ばかり書いていました。「両親」と「進級」のことが、当時の私にとって〝二大重要課題〞だったわけです。

2学期の後半、B先生は「進級が難しい状況であること」を私に直接伝えました。その後私は、期末テストを休まないつもりだったのに全休してしまいました（〝願望と実行のあいだ〞が大きかったので）。

その頃先生は、交換ノートに「君が自分自身を見出して、一日一日をベストを尽くしてこそ、君の努力が無駄にならない」と記しました。

これを読んだ私は「もう進級は無理だろうから、そんな励ましは白々しく感じる」などと、またしても「進級」に結びつけて書きました。

これに対して、B先生が書いたことは、後にメルマガで私が繰り返し述べていることと、驚くほど共通しています。

「今、眼の前にある大きな石が、依然として動かないので、話の全てがそこに行ってしまって、その石から少し見る眼を変える、ということは今の君には無理かもしれないけれど〝人間として自分をどう豊かにするのか、どう向上させるのか〟ということを受け取ってほしかったのです」。

「〝自分は何をやっても生きていけるんだ〟という、生活者としての自信を持つためにも、いろいろなことを経験して、視野を広げてゆくことが大切なのだ、ということです」。

この記述を読んでもなお、私はノートに「両親」と「進級」のことばかり書いていました。先生が書いた意味が理解できなかったからです。

そんな私の関心が「両親」と「進級」から「自分自身の生き方」へと移り、ノートへの記述も一変するには、学年末まで待たなければなりませんでした。

さらに、先生が書いたことの意味を完全に体得したのは、それから4年後、不登校が終わる瞬間のことでした。

このように、不登校やひきこもりの人の多くは、解明や解決の難しい問題しか見えなくなっており「視野を広げよ」「自分がどう生きるかを考えよ」などといった、周囲の忠告・説得が理解できません。

無視しているのではなく、ほんとうに理解できない状態にあるのです。

そして、忠告・説得を受けてから、何か月も、あるいは何年もたってから、それらの意味を理解できるようになることが珍しくありません。

なぜ、そんなに長くかかるのでしょうか。

本人たちの多くは「登校するべき」「社会に出るべき」という世間の常識で、頭がいっぱいになって（＝重い〝よろい〟を着て）います。そのため、常識どおりに出来ない自分の状態を、認めることができません。

そこで本人たちは、自分が学校に行くことや社会に出ることを阻む要因を執拗に追求することに、日々を費やして（＝重い〝荷物〟を背負って）いるわけです。

私の場合で言えば、前述のように「登校を続けて進級するべき」という常識で頭がいっぱいになっていたため、それを阻む要因を「両親の無理解」に求めて、追及していたわけです。

これでは「自分の生き方」を考える余裕など、生まれるはずもありません。

本人たちは、どうすればよいのでしょうか？

生きているなかで「困ったこと」が起こったとします。すると人は、それを取り除くことに意識を集中させます。すなわち、不登校であれば「学校に行くこと」が、ひきこもりであれば「社会に出ること」が「困ったことを取り除くこと」になります。

ただ、このようなスタンスは「困ったこと」以外のさまざまな事柄を見えなくしてしまいます。ビデオ撮影していて、ある対象物にズームインすると、画面から周辺物が見えなくなるのと同じです。

たとえば、学校に行かないで、あるいは社会に出ないで、何か（習い事通い、読書、家事手伝い、など）をしていても、それに価値を感じることができません。「そんなことをしている暇があるなら学校へ行け、就職活動しろ」と、自分を責める〝もうひとりの自分〟がいるからです。

こうして、不登校やひきこもりの人たちは、自分の生活のなかで「学校に行くこと」「社会に出ること」以外の部分が視界から外れ「学校に行けない」「社会に出られない」という部分だけしか見えなくなります。

そういう「嫌な自分」しか見えないことが〝原因追求〟〝対策立案〟への衝動を生んでしまうのです。

反対に**「困ったこと」に集中していた意識を、その周辺に広げていくと、それまで見えなかった事柄が見えてきます**。ビデオ撮影していて、対象物にズームインしているかぎり見えない周辺物が、ズームアウトして視界に入ってきたのと同じです。

そうして見えてくるのは「自分に今できること」や「自分が今やりたいこと」でしょう。また、それらのことに価値を感じることができるでしょう。人間、価値を感じることは、実行しやすいはずです。

そういうプロセスから「自分の生き方」を考える余裕が生まれ〝願望と実行のあいだ〟も、埋まり始めると思うのです。

第10章 〝生まれ変わるための闘い〟を後方支援する

生命力を信じる

あるとき、ペットをテーマにしたテレビ番組で「飼い主が起震車に乗り、激しい揺れとフライパンの落下による火災のなかで助けを求めたとき、飼っている犬がどうするか」という実験が行われていました。

犬は飼い主を助けたいと思ったようで、吠えながら起震車に近づいてそのまわりを回っていましたが、その合間に、落ちていた木の切れ端などで遊ぶようなしぐさを2、3回しました。

この「遊ぶようなしぐさ」を見ると、われわれ人間は「飼い主がピンチのときに遊んでいる」と笑い話になりがちですが、当の本人（本犬）は、遊ぶどころか、不安や火の恐怖にかられているつらさを紛らわせて心のバランスを維持するために、そういう行動をとったのです。

ほとんどの不登校やひきこもりの場合、学校に行かない・社会へ出ないというだけにとどまらず、周囲が理解に苦しむ、または周囲を困らせる、そんな行動にのめり込む状態が出てきます。

寝食を忘れてゲームに熱中する、手を洗うのがやめられない、自分の部屋から一歩も出ない、何かにつけて暴力をふるう、甘えて親にまとわりついてくる、等々です。

ご存じと思いますが、これらは「二次症状」「随伴症状」などと呼ばれ、「一次症状」「主症状」としての不登校やひきこもりに対する罪悪感や葛藤などによるストレスから出てくる〝副産物〟です。
ということは、そもそも不登校やひきこもりにならなければ、そのような行動は現れないわけです。

ただ、そうは言っても、本人がゲームに熱中している様子を見ている親御さんは「遊んでいる」とイライラするでしょうし、手洗いに夢中になっている様子を見ている親御さんは「病気ではないか」とヤキモキするでしょう。

しかし、こういった行動は、前述の犬の行動と同じような意味があります。

「自分はダメ人間だ」という罪悪感や「自分はどうなるのか」という将来への不安などが、寄せては返す波のように、入れ代わり立ち代わりやってきて、本人の心を激しく揺さぶります。とても平常心でいられる状態ではありません。そのようなつらさを、はたから見えるかたちで表出すること（行動化）によって、自分を自分で支えているのです。言い換えれば、**崩れかけた心のバランスを、行動によって安定させている**わけで、生体反応として見ればきわめて自然なプロセスとも言えます。

ですから、行動だけを取り上げて「わがままだ」とか「病気だ」などと言われては、本人はいたたまれないことでしょう。

前述したように、私の場合は〝話し合い依存症〟とでも呼びたくなる行動が現れました。ただし話し合いといっても、たいてい「どうすればいいのか」「何とかしてくれ」「なぜあんなことをしたのか」「自分がどれだけ苦しんでいるかわかっているのか」等々、親としては答えようがない問いを繰り返し訴えるのですから、結局堂々めぐりです。

しかし、それは決して悪意があって（親を困らせようとして）やっていることではありませんでした。堂々めぐりにしかならない話し合いじたい苦しいことですが、それをしないよりは、つらさが少しだけやわらぎ、自分で自分を支えることが可能になる、という行動だったのです。

では、**こういった行動がおさまるのは**いつなのでしょうか。それは、**本人が自分の不登校やひきこもりを、自分の生きざまとして認めることができたとき**、つまり自分の運命というか、直面している現実を受け入れることができたときです。

したがって、親を含めた他者がやめさせようとすればやめられるものではありません。できることといえば、**第一に、目に見える行動にではなく、その原因である本人のつらさのほうに焦点を当て、その気持ちを受け止めること。第二に、行動が現れる要因を減らし、行動が現れない要因を増やすこと**です。対応としては、周囲の人がその場その場で判断する（医療とのかかわりも含めて）ということ以外に共通する法則はありません。

「周囲がそんな姿勢でいたら、本人はそのうち本当の病気になってしまうのでは？」と心配する人もいます。しかし、それは逆です。本人は無意識のうちに、行動に出すことで本当の病気になることを防いでいるのです。わかりやすく言うと「ガス抜き」です。

このような〝身体メカニズム〟が備わっているというのも、本人が持っている「力」のひとつです。それは「生命力」の一種だと思います。

本人が七転八倒の末、自分の運命、直面している現実を受け入れる境地に到達するときが来ることを信じましょう。本人には強靭な生命力があります。そして、どんなに激しい行動も、一生続くことはありえないのです。

二次症状とは〝生まれ変わるための闘い〟

ある日、私は、ある有名人がガンで大事な臓器を切除しなければならないことへの葛藤を、周囲の説得によって乗り超えていく場面をテレビで見ました。

大切なものを失うことへの恐怖と絶望の苦しみを、ほかの大切なものを活かしていこうと決心することによって乗り越えていくプロセスは、まるで新しい自分に生まれ変わるプロセスのような印象を受けました。

以前、ホームページに同じようなことを書いたことがあります。テレビドラマ「ぼくの生きる道」の感想のなかにです。

こちらはフィクションですが、ガンで余命1年と診断された主人公が恐怖と絶望の苦しみを、ある言葉を聞いたことで乗り越えたとき、それまでの事なかれ主義の生き方から、情熱と思いやりの生き方に変わっていった、というストーリーです。

いずれの場合も、恐怖と絶望の苦しみと闘った末「自分の運命というか、直面している現実を受け入れることができたとき」生まれ変わることができた、と言えます。

このような〝生まれ変わるための闘い〟は、深刻さのレベルこそ違えど、不登校やひきこもりの人々の多くにも避けられないプロセスです。

それまでの人生が台無しになってしまうと感じられるほど深刻な状況に直面したとき、人がたどるプロセスは、重病であろうが不登校やひきこもりであろうが、同じなのかもしれません。

ただ、前述の人たちは〝闘い〟を数日から数週間でやったのに対し、不登校やひきこもりの人たちは、それを数年かけてやらなければならない場合がしばしばです。

不登校やひきこもりになると、順調な人生、それまでの人間関係、将来展望……

など、多くのものを失うことへの恐怖と絶望の苦しみにさいなまれるようになります。

確かに、常識的な人生、つまり、定められた期間で学校を卒業し、上の学校に進学し、ストレートに就職することしか、現代人の頭にはありませんから、その現代に育った本人としては、それ以外の人生を生きる（＝生まれ変わる）ことを受け入れるのは、とても難しいということは想像にかたくありません。

そして、**恐怖と絶望の苦しみと闘っている姿、つまり〝生まれ変わるための闘い〟をやっている姿こそが、「二次症状」「随伴症状」と呼ばれる行動**なのです。

言いかえると**「新しい自己に生まれ変わるための〝陣痛〟**」ということになります。

この闘いは、自分のなかに根を張っている「常識」との闘いであり、はたからは見えることのない内面の闘いですから、病気とは違う大変さがあります。また、前述の常識的な人生に対する執着心や未練が強ければ強いほど、長くつらい闘いになります。
そんな本人に対して、周囲の人々が「現実逃避」「病的なこだわり」「甘えている」などとレッテルを貼ることも多くあります。

しかしそうでしょうか。私は、本人たちが前述のような常識的な人生以外の人生を想像できない・受け入れられない、と感じるのは、現代社会が、キャパシティが狭く人生観・人間観も貧困だからだと思います。

それとも、現代の大人は、不登校やひきこもりの人たちに対して「それも君の人生だ」「それでも生きていける」と断言できるでしょうか。そのような社会であれば、本人たちは闘わずして生まれ変わることができるはずです。

このように考えれば、本人たちは「現実逃避」うんぬんどころか、じゅうぶん常識的かつ現実的な感覚を持っている、ということになるわけです、だからこそ本人たちは、不登校やひきこもりになってしまった自分を認めることができず、多くのものを失うことへの恐怖と絶望の苦しみと闘わなければならないわけです。

もう少しシンプルに言うと「現実の重さに押しつぶされている」のです。

逆説的に言えば、ほんとうに「現実逃避」や「甘えている」のであれば、生まれ変わる必要などないのです。**本人たちの行動の激しさは、彼らが現実を直視し、人生を真剣に考える人たちであることの証拠**なのです。

行動だけを見て〝レッテルを貼って済ませる〟のではなく、行動のもとにある本人の真剣な叫び・問いかけに〝耳を澄ませる〟ことです。周囲の人々が「ああ、苦しいんだなあ……」としみじみ感じたとき、本人は、心の重荷を少しだけおろすことができます。

二次症状と呼ばれる行動を直ちにやめさせる術は、どんな優秀な専門家も持っていません。したがってそのようなときには**「本人がどんな状態であっても支え続け**

る」という決意と姿勢で本人に接し続けるしかありません。

第1部でもお話ししたように、歩いている本人の前に出て誘導するのではなく、本人の斜め後ろを本人と同じペースで歩き、本人が歩き疲れて後ろに倒れそうになったら頭を打たないよう支えたり、本人の靴がボロボロになったら取り替えたりする、**「後方支援」で、支え続ける**のです。

それは、親御さんにとっても長くつらい闘いだと思います。「これでいいのか」「このままで大丈夫か」と、日々自問自答の繰り返しになることでしょう。しかし、**そのようにして本人を支え続けているうちに、いつしか二次症状と呼ばれる行動が収まっていく**のです。これは、後方支援によって闘い抜くエネルギーの補給が功を奏し、本人が〝生まれ変わるための闘い〟をやり抜いたことを意味します。

そこまで到達すれば、ゴールは目の前です。

斜め後ろを本人と同じペースで歩き、
「後方支援」で支え続けよう。

エネルギーを受け止める

多くの不登校やひきこもりの人は、不穏な状態であるため、平穏な家庭生活を取り戻したくても取り戻せないご家族が多いことと思います。

不穏な状態と言っても、それにはふたつのパターンがあります。

ひとつは、二次症状（暴力・神経症的行動・話し合い依存など）がなかなか収まらなかったり、悩みが深く常に不機嫌だったりする状態です。

もうひとつは、一日中自室に閉じこもったきりで出てこない、あるいは親に口を聞かない、という状態です。

まず、前者について考えます。

親御さんのお話をうかがっていると、本人たちのなかには、社会の不正義（倫理にもとる行為や弱者差別など）に怒りをあらわにする一方、自分自身をこれでもかとばかりに責める人が少なくありません。

すなわち、本人たちは「他者には規範や正義を求めるくせに、肝心の自分は〈学校・社会に出ていない〉という意味で規範や正義にかなっていない」と感じており、そんな自分を許せないために暴れたり徹底的に自分を責めたりするわけです。

このことから、本人たちが規範意識や正義感が強く、自他に厳しく、弱者への思いやりがあることがうかがわれます。これはまさしく本人たちの長所であり、人柄のよさの表れです。

しかし、親御さんをはじめ周囲の人々は、人柄うんぬんより、考え方・感じ方があまりに極端（過敏、被害妄想的、オール・オワ・ナッシング、など）であり、ときにはそれが本人を暴力などの二次症状へと駆り立てることに、否定的な思いをお持ちのことでしょう。

「もっと柔軟に、いいかげんにならないと」「精神力が伴わないと」「学校・社会でやっていけない」とか「人柄なんかどうでもいいから、早く平穏な状態に戻って、早く学校・社会に復帰してほしい」などと願っておられることと思います。

では、そのような長所を削ぎ落とせば学校や社会で生きていけるとしたら、そうすべきなのでしょうか。これが私の第一の疑問です。

他方、親御さんのなかには、長所は大事にしてほしいが、本人の苦しむ様子を見るに忍びなく、あの苦しみを何とか取り除いてあげたい、と思われている方も少なくないと思います。

では、彼らの苦しみを取り除いてあげたとして、彼らは納得して生きていけるのでしょうか。これが私の第二の疑問です。

私が感じるのは、暴れたり徹底的に自分を責めたりする、彼らのエネルギーのすごさです。それは無尽蔵で、ときに爆発的です。

つまり、**彼らはエネルギーがない人たちではなく、逆にエネルギーを持った人たち**なのです。

私も、不登校やひきこもりの時代には、自分の現状を受け入れられないため話し合い依存状態に陥っていましたし、特にひきこもり時代は怒りが常に充満していました。しかし現在、そのエネルギーは出し方と方向、つまり質が違うだけで、量的には変わっていないと感じています。

つまり、私の現在の生活は、ひきこもり時代と変わらぬエネルギーによって支えられているわけです。

ならば、**エネルギーの出し方と方向が変われば、彼らの人生はイキイキとし始める**のではないでしょうか。

たとえるなら、ガスは、出し方と方向を間違えると爆発します。しかし、機能的で安全性が確保されたバーナーやコンロにパイプをつなげて栓をひねり、適度な出力に調整すれば、とても役に立ちます。

人間が持つエネルギーも、それと同じです。出力や方向を調整できれば――出し方を身につければ――、前述の長所が大きな武器となり、人の役に立つ存在になることは想像にかたくありません。

そのためには、本人のエネルギーを封じ込めたり奪ったりするのではなく、ガス抜きの効果が出るかたちで出し続けさせる方策を考える必要があります。つまり、本人が苦しんでいることを否定するのではなく、そのまま支えるのです。

すなわち、**本人のエネルギーを、ご家族をはじめとする周囲の負担にならない範囲で受け止めてあげる**ことです。そのような対応を続けるためには、あらかじめ許容範囲を決めておくことも必要でしょうし、場合によっては第三者の力を借りることもあるでしょう。

暴れたり徹底的に自分を責めたりする苦しみ方を一方的にやめさせるような対応は、本人の苦しみと一緒にエネルギーも奪い、せっかくのよい人柄も、その後の人生に活かすことができなくなりかねません。

本人の人柄のよさを大切にしながら、苦しみを受け止め、支え続けましょう。そのプロセスが、長所はそのままで、思考やエネルギーを調整する術を身につけ、その後の人生をイキイキと生きる基礎となってくれるのです。

同じ人間として関わろう

これまでに、私の所に相談に見える親御さんの多くは、不登校やひきこもりのわが子を持つ方ですが、なかには家庭内暴力や不潔恐怖のお子さんを持つ方もおられました。

家庭内暴力や不潔恐怖の多くに共通しているのは「家族を巻き込む」ことと「同じことを延々と繰り返す」ことです。

たとえば、家庭内暴力では家族に無理なことを強要する、不潔恐怖では新品を次々と買わせる、といったかたちで、家族を巻き込んでいくわけです。

これらの状態は、不登校やひきこもりのなかでも「二次症状」として発現することが少なくありません。

このような状態だと、親御さんは「一日も早く治ってほしい」という一心で、本人の状態が少しでも良くなるようにと、必死の対応に励むことになります。

実際、本人の呈する状態にそのつど対応し、結果的に本人の言いなりになっている親御さんもおられます。本人の言いなりになると、状態は一時的に収まるので、親御さんは「本人を治すためにはこの方法しかない」と思いたくなるでしょう。それ以外の方法が思いつかないのだからなおさらです。

しかしこの方法だと、根本的には何も解決しないので、同じことの繰り返しが延々と続くことになります。「状態が悪化する↓それに対応する↓収まる↓状態が悪化する↓それに対応する↓治まる……」という堂々巡りが、とどまるところを知りません。

親御さんにとっては、報われない日々の連続で、ほんとうに苦しいことでしょう。

そこで「この堂々巡りを断ち切り、本人を治すにはどうすればよいのか」という親御さんに、ふたつの方法を示して比べていただきます。

親御さんは、家族を巻き込み、同じことを延々と繰り返す本人を、健全な、人並みな人間だと思えるでしょうか。病んだ、人並み以下の人間としか思えないでしょう。だとすれば、親御さんは、本人と「人間対人間」として関わるのではなく「治してあげる人対治してもらう人」として関わることになります。

これは、本人を支配し、コントロールしようとする意識です。本人の状態に焦点を絞り、とりあえず本人の状態が悪くならないことだけに専念する。そうすれば、いずれ本人の状態が良くなるだろう――というわけです。

そのため親御さんは、何かにつけ「そんなことをしたら本人の状態が悪化するのでは？」などという先読みや「ここは本人のために我慢しよう」などという自己抑制を繰り返します。その結果親御さんは、本人に言いたいことも言えず、やりたいこともできなくなります。

こうなると、親御さんの生活もほかの家族の生活も、すべて犠牲にして本人に対応する、ということになりかねません。

このような関係は、本人にとっても親御さんにとっても、じつに不自然だし、無理があります。

反対に、**本人と「治してあげる人対治してもらう人」として関わるのではなく「人間対人間」として関わる**ことができれば、本人を支配しコントロールしようとする意識がなくなりますから、本人の状態に焦点を絞らず、本人まるごとと関わることになります。これは、単なる「一般的な親子関係」における意識です。

一般的な親子関係なら、本人に対して、前述のような先読みや自己抑制をすることは不要です。**ほかの家族に対してと同様〝まっさら〟な気持ちで、素直に本人と関わって何ら差し支えない**からです。

このような一般的な気持ちで本人と関わるようになれば、それまで「わが子のために」と自分に言い聞かせてマヒさせていた感覚――たとえば自分の健康と安全、生活や人生設計への関心――がよみがえって来るでしょう。

そうなると、本人に振り回されている自分の生活が、つくづく嫌になるかもしれません。

その結果、たとえば「自己主張して本人とケンカする」「本人が暴れたとき一時的に逃げる」などといった、それまでできなかったことが、やるともなしにできるようになることでしょう。

このような、**自然で一般的な生活をできるだけ取り戻すだけで、親御さんと本人との関係が変わります。すると、本人のなかでも小さな変化が起こり始める**のです。

本人の状態に逐一対応するのをやめて、独立した人間どうしの関係＝普通の家族関係として、自然なスタイルで本人と関わってみませんか。

第11章　2種類の〝力〟を理解し、引き出す

〝考えるエネルギー〟と〝生命エネルギー〟は躍動している

前章では、不登校やひきこもりの人が発するエネルギーのすごさと、それに対処する周囲の心がまえについて考えました。

以前、あるメルマガ読者の方から「不登校やひきこもりの人には、エネルギーがないはずでは？」と質問を頂いたことがあります。

確かに「不登校やひきこもりはエネルギーが枯渇した状態」というのが通説です。

たとえば、対外的な活動ができなくなる（外出するのがおっくう、登校する気力

がわいてこない、等）ことはもちろん、日常生活上の活動さえできなくなる（風呂に入らない、歯を磨かない、等）ことがあります。

まさにこれらは、エネルギーが枯渇した状態に違いありません。

しかし、**本人たちが失っているのは「活動するエネルギー」であって「考える（悩む）エネルギー」や「生命エネルギー」は健在**なのです。

では、後者のふたつのエネルギーは、彼らのなかでどのように作用しているのでしょうか。

まず「考える（悩む）エネルギー」です。

『人生に意味はあるか』という本のなかで、著者の明治大学教授・諸富祥彦氏が、人生の意味や目的について考えようとしない人が多い理由の一番目として、このような、なかなか答えの出ない問題を考え続けるのはすごくエネルギーが要ることなので「もうやめとこう」となるから、と指摘しています。

不登校が始まった頃「なぜ学校に行かなければならないのか」と周囲に問いかける子がいます。登校するのが辛い現状からの逃避に聞こえますが、そうではなく、登校するのが辛くなったことをきっかけに「学校に行く」ことの意味に目が向き、考え始めた、ということだと思います。

しかし、この疑問に普遍的な答えはありません。同様に、不登校やひきこもりの人の多くが考える「なぜこうなったのか」「どうすれば脱出できるのか」といった問いは、他者に答えてもらって納得できるものではありません。**本人たちがそのようなことを延々と考え続けるのは、「考える（悩む）エネルギー」を持っているから**です。

実際、本人に会って話を聞いていると、本当によく考え、よく感じていることがわかります。本人は、調子の波、最近の心理状態、不安や焦りの原因、などといった自分の現状を、つぶさに説明してくれます。そして「どうしたらいいのか」を共に考える対話が繰り返されるのです。

次に「生命エネルギー」ですが、これについては、カゼをひいたときをイメージするとわかりやすいでしょう。長い間の無理がたたり、疲れがたまって具合が悪くなり、発熱して寝込んでしまった場合です。

このとき体のなかでは、疲れをとり、体力を回復させるための反応が起きています。

ご存じの方が多いと思いますが、発熱とは病原菌を殺しやすい体の状態をつくり出すための「生体防御反応」のひとつであって、治癒するためにはなくてはならない症状です。

つまり、体というのは、自らを強制的に休まなければならない状態にし、その間に不具合を修復していく、という自然治癒力（自己治癒力）を働かせています。それが達成されれば、症状がとれてエネルギーが回復し、元気が戻るわけです。

しかも単に「治る」というだけではなく、体が同型の病原菌への耐性を得るという効果をもたらします。

カゼをひいて寝込んでいる人は、外見的にはエネルギーが少なくなっているように見えますし、自分でもそう感じられます。しかし体のなかでは、再調整し回復することにエネルギーが集中して使われている、ということなのです。

このことを不登校やひきこもりに当てはめてみれば、不穏な状態――強烈な自責やそれが高じてのいわゆる二次症状(神経症的行動・暴力・話し合い依存・退行など)、また他者への厳しい見方――は、彼らが自己治癒力を働かせて、現状を打破しようとしている反応（カゼでいえば発熱などの「症状」に相当するもの）である、と理解することができるわけです。

したがって、**不登校やひきこもりの人には、自己治癒力を働かせる「生命エネルギー」が躍動している**といえましょう。

ところで、前章で挙げた不穏な状態のもう一つのパターンである、一日中自室に閉じこもったきりで出てこない、あるいは親に口を開かない、という状態についてですが、今お話ししたことから、このような状態の人たちにもエネルギーがある、ということにお気づきいただけると思います。

すなわち、このような人たちの場合、エネルギーの出口がふさがっている、というのが正解なのではないかと思われるのです。

つまり、エネルギーが出ずに自分の中に溜まっているために、閉じこもったり沈黙を貫いたりするという方向にエネルギーが使われている、と考えられるのです。

そして、**何かのきっかけで自室を出るようになったり家族と会話できるようにな**

ると、劇的にエネルギーあふれる生活に変わる場合もあるのです。

自律力を活かした支援をする

不登校やひきこもりのお子さんを持つ親御さんのお話をうかがっていると、学校や社会に出られなくても、塾やお稽古事の教室、単発のボランティアなどに出かけることや、友だちと遊ぶことができる――本来適応すべきとされている以外の場なら参加できる――不登校やひきこもりの人が少なくない、という印象を受けます。

言い換えれば「自分で選んだ場に参加している」というわけです。

そういう本人に対して、親御さんをはじめ周囲の人々は「そういう力があるのに学校・社会に適応できないのは、逃げているから」とか「そういうことしかできない（自分の好きな場にしか参加できない）わがままな連中」などと評価します。

本人は、自分で選んだ場に参加しているのに、なぜ学校・社会に適応できないのでしょうか。

私が不登校だった高校2年目（2回目の1年生）の夏休みのことです。父の知り合いから「自分の兄夫婦が子どもキャンプをやるので、ボランティアで手伝わないか」という誘いを受けました。

前半の3日間は、奥様が主催する「子ども会」のキャンプ、後半の4日間は、旦那様が自営している子ども支援団体主催のキャンプ、ということでした。

学校には時々行くが、それ以外には外出できない私も「夏休みなら大丈夫だし、面白そうだ」と思って参加することにしました。

どちらのキャンプも、中学生から大学生までのボランティア数人が、参加した小学生をサポートする、というシステムです。私は、かわいい子どもたちと共に過ごした楽しい時間が素晴らしい思い出になっただけでなく、ほかのボランティアと同等に扱われ、与えられた役割を果たしたことで自信がつきました。

そのため私は「夏休み明けの2学期からは学校に完全復帰できるぞ」と確信しました。

ところが、夏休みが終わって2学期が始まっても、私は夏休み前と同じように、時々登校することしかできませんでした。

夏休み中にキャンプでのボランティア活動ができたことは、学校への完全復帰とは関係なかったのです。

そこで、学校や社会に適応することと、自分で選んだ場に参加することの違いを考えてみましょう。

学校や社会は、社会通念上、誰もが適応するのが当たり前という「標準」として存在している世界です。

ですから、そこに適応するのは人として必須のことだと、誰もが信じています。

それに対し、塾やお稽古事の教室、あるいはボランティア活動や友だちとの遊び、という場は、誰もが適応するのが当たり前の世界ではありません。

ですから、やることは個人個人がそのなかから必要に応じて選べばよく、友だちも気の合う人を選べばよいわけです。そして、選んだ場や友だちとの関係に適応すれば足りるわけです。

このように見ると、前者は他律的な場で、後者は自律的な場、ということになります。

つまり両者は、かなり違う性質を持った世界です。ということは、前者に適応するのと後者に適応するのとでは、使う力が違うのです。

前者に適応するために使う力は、好むと好まざるとに関わらず、一律に適応しなければならない世界で使う力ですから、そのまま「適応力」と名づけましょう。

この適応力は、おもに「社会↓（学校↓）親↓自分」という経路で与えられるものです。

後者に適応するために使う力は、自分で判断する力ですから「自律力」と名づけましょう。

この自律力は、主に自分のなかから生まれるものです。

「不登校やひきこもりの人は力がない」とよく言われますが、その場合は「適応力」だけを指しています。しかし今お話ししたように、人の力には2種類あるのです。そして、**自分で選んだ場に参加する不登校やひきこもりの人には「自律力」だけは備わっている、**と言えるわけです。

一般に「支援」と言うときには、適応力をつけることを指していますが、それでは宝の持ち腐れです。

逆に、自律力を活かすことを念頭に支援していけば、本人は学校や社会に「支援のおかげで適応できた」ということではなく「自分の力で参加できた」ということになります。そういうプロセスを歩むことができれば、自分の人生への深い納得と、自己肯定感と生きる喜びを得られます。そしてそれこそ、生きる力の源泉なのです。

適応力は自律力のあとに自然についてくる

前項で私は「適応力をつける支援より、自律力を活かす支援のほうが本人の生きる力が増す」という意味の提言をしました。しかし、「学校や社会では自分の思いどおりにはならない。適応力がついていなければ、自律力だけで参加できても、周囲とうまくいかなかったときに折り合いをつけることができずに挫折して、不登校・ひきこもりに逆戻りするのが関の山だ」などという反論もあるかと思います。

確かに、両方の力が両立しなければそうなるでしょう。では、両方の力はどのように両立するのでしょうか。

先に続いて、イチロー選手の行動を参考に述べたいと思います。

イチロー選手は、高校時代にケタ外れの打率を残し、卒業後オリックスに入団しました。ところが、入団後2年間はほとんど2軍生活。ただ、その間に彼は、踏み出し足（前足）を軸足（後ろ足）よりも後ろに振ってから踏み出すという、バランスがとりにくく誰もやらないバッティングフォームを着々と固め、3年目に130試合で200安打という、ほかには誰も及ばない大記録を打ち立てたのです。

そんなセオリー無視のバッティングフォームで、日本のプロ野球の頂点に立っていた彼も、年を追うごとに微妙にフォームを変えていました。そして、アメリカでデビューした頃には、フォームはすっかりセオリーの範囲内に収まっていたのです。

彼のプロ野球生活は、まず自分に合ったフォームで結果を出し、そのあと上のランクの環境を選んだときに、そこに合ったフォームへと応用させた、というものです。もし彼が、最初からセオリーにもとづいたバッティングフォームを身につけていたら〝名選手イチロー〟は生まれていなかったでしょう。

このようなプロセスは、不登校やひきこもりにも大いに参考になります。

つまり、まずは世間ではなく自分自身に合った生き方を選択し、そのなかで自分なりに経験と実績を積めば、やがて大きな世界に飛び立つとき、自らの意思でその世界に適応できる生き方を身につけることができるようになる、ということです。

まずは自分自身に合った生き方のなかで経験を積もう。

「**適応力は、自律力のあとに自然についてくる**」というわけです。

なぜそうなるのでしょうか。

不登校やひきこもりの人は、きっかけはどうあれ一般的な人生とは違う道に進んでしまった人たちです。したがって、そうなった以上はそこから再スタートする以外に道はありません。

ならば、世間でセオリーどおりとされている生き方が合わないのは当然のことであり、自分の現状に合った生き方でないと、彼らの再スタートはうまくいきません。

たとえば、人のためになる仕事をしたいと願っているひきこもりの人なら、就職をめざすことを中断してボランティア活動を1年でも2年でもやってみる。人生を楽しめる自分になりたいと願っている子なら、1年間やりたいことだけをやる……

などといった具合です。

これらは決して現実逃避の生き方でも無駄な歳月でもなく、立派な人生経験であり、かつ自分のなかに実績として残ることです。だからたくさんの学びや生きる感覚が得られますし、冒頭に再録した「自律力だけで参加できても、周囲とうまくいかなかったときに折り合いをつけることができずに挫折して」という心配も、無用のものになっていく（＝折り合いをつけることができるようになる）のです。

このような〝回り道〟によって自分なりに経験や実績を積むことによって、本人は新しい自分を確立したうえで、大きな世界に適応できるだけの自信と術を得ることができるわけです。

実際、回り道をせず一気に学校や社会に適応することをめざしている不登校やひきこもりの人は、私の知るかぎりなかなかうまくいきません。

本人たちは「遊んだりフリースペースに通ったりすることは、自分が学校や社会に適応するという目標を達成するためには役に立たない」「最も効果的な方法を用いて、最短距離で目標を達成しよう」という思いで頭がいっぱいになっています。ただ、とても苦しそうです。

しかし、本人の奥深くから自分自身に投げかけられているメッセージは「順序が逆だ」「まずは自分の欲望に従え」というものなのではないでしょうか。そしてその〝内なる声〟に耳をふさいでいるから苦しいのではないでしょうか。

〝適応至上主義〟ではなく〝自分至上プラス外部の価値観を取り入れる〟という生き方こそ、不登校やひきこもりの人が無意識のうちに求めているものなのではないでしょうか。

まとめますと「自律力」とは「自分の内なる声に従う力」であり「適応力」とは「集団のなかで要求される価値観に従う力」だということになります。

どちらも大切な力ですが、不登校やひきこもりの人の場合は、どうやら優先順位をつける必要がありそうです。

第12章　特別視せず、以前と同じように接する

〝特別〟より〝日常〟を大切にする

小学生から大学生の青少年には、夏休みという時期があります。学校の長期休業ですから、家庭で生活するのが当たり前の期間。本人は〝学校の呪縛〟から解放されて、少しは気が楽に過ごせます。

なかでも、普段は仕事をしているご家族がお盆休みなど長期休業をとる間は、家庭に家族全員が揃う時間が急増し〝家庭の完成型〟が現れる日々、ともイメージできます。

家族は、人間が生きていくうえで最も基本的な「衣食住」を共にし、それぞれの立場に応じた活動や交流、助け合いを繰り返しています。その場が「家庭」であり、そこを基盤に営まれている生活が「日常」です。

これに対し、家族の誰かまたは全員に困難な事態が生じたために、普段の生活ではやらないことをしたり、生活じたいを変えたり、といった「特別」な対処をしなければならない場合もあります。そのような生活は「非日常」と呼ぶことができます。

さて、私は第9章で、不登校時代の「子どもキャンプでボランティアスタッフをやったり犬を飼ったりした経験」を述べたうえ、前述の定義にもとづき「学校復帰させるため」だけの意味しかない（不登校児でないと経験しない）対応を「特別」「非日常的」と、「学校復帰以外のいろいろな意味をもっている（誰でも経験する機会がある）対応を「一般的」「日常的」と、それぞれ表現しました。

そして「一般的」「日常的」な対応を推奨するとともに、

——何かを誘ったり頼んだりするのは「面白そうだ」「やってくれると助かる」などという動機が自然に生まれたときに限ります。

と、原則を述べました。

もちろんこれは、ひきこもりの人への対応にも当てはまります。

このことを「それはこういうことですよね」と、具体例を挙げて補足してくださった方がいらっしゃいます。

福井市中央公民館での講座で私が講師をつとめたときに聴講された方が後日くださったメールを、許可を得て転載します。

（丸山さんが）「特別なことはせずに日常生活を基盤に」と言われて「夏休みの子どもキャンプは日常ではないのでは？」と質問された方がいましたが、もし子どもに問題ありと思っていて「どうにかしないといけない！」と、鍛え直すためにも嫌がる子をキャンプに行かすのは日常ではないかもしれないけれど、たとえ学校に行っていて何の問題もないと親が思っていても「子どもキャンプのボランティアスタッフを頼まれたんだけど、手伝ってあげてもらえへんかな〜？」と頼むことはあって、それはやっぱり日常なんじゃないかしら……と。

我が家にも犬と猫がいて、みんなすごく癒されているけれど、それは息子が不登校だったのとは何の関係もないし……。

出掛けようと思うけれど、途中で雨が降ってこないか心配というとき「ちょっと出掛けるけれど、もし雨が降ってきたら洗濯物を入れておいてもらえる？」と子どもに頼んだり「せっかく家に居るんだし一緒に何かしよう」というのは日常で「このままじゃだめだ！　何か家事の役割を持たせなくちゃ」「家から出るきっかけは何かないかしら」とせっつくのは非日常のような……私には何かそんな気がしました。

●

そうです。そういう、どんな家庭にもある「日常会話」「日常的行動」が「一般的・日常的」であり、不登校やひきこもりの人がいる家庭にしかない「対応としての会話」「対応としての行動」が「特別・非日常的」であるわけです。

こう言うと「不登校／ひきこもりのわが子に、言いたいことを言ったりやりたいことをやったりはできない」という疑問を持たれる方がいらっしゃるでしょう。

もちろん、私はそういうことを申し上げているのではありません。

本人が安定していない段階では「ここまでは言ってもいいが、ここからは言わないほうがいい」などという判断基準を設定することは当然です。たとえば、暴力がある場合は振るうきっかけを回避するなどの心がけや工夫が必要になります。

ただし、そういう心がけや工夫の〈目的〉が肝心です。つまり、目的が「本人を学校／社会に戻すため」なら「特別」な対応ですが「家族関係をよくするため」なら、どんな家族でも必要になる可能性のあることですから「特別」な対応とは言えません。言い換えれば「日常生活上の心がけや工夫の範囲内での対応（その難しいもの）」ということです。

そして、そういう心がけや工夫を要するコミュニケーションも、本人が穏やかに生活できるようになっていくにつれ、徐々に必要なくなっていき、やがては日常会話を円滑に交わせる関係に近づいてくるのです。

そういうプロセスを歩んでいる親御さんは「以前は話しにくかったけど、だんだん楽に話せるようになってきた」とおっしゃいます。

そして、そのようなプロセスがゆっくりとでも進んでいることが確認できる場合は、特別な対応や支援をしなくても、日常的な心がけや工夫を持続するだけで、本人の苦しみが徐々に軽くなり、自発的・意欲的な行動が見られるようになってきます。

時間はかかりますが、そういう自然な流れを守ることが大事です。

"家族の一員"として接する

家族の生活や関係は、お子さんが不登校やひきこもりになる前となった後とでは、数10%は必ず変わっていることでしょう。

それまでスムーズに会話できていたのができなくなったり、昼夜逆転の生活になって母親の家事負担が増したりするのですから。

まして、いわゆる二次症状（暴力、手洗い強迫、赤ちゃん返り、話し合い反復など）、がエスカレートした場合、家族は逃げなければならなかったり、腫れものにさわるような接し方しかできなかったりするときがあるので「１００％近く変わってしまった」と感じているご家族もいらっしゃるでしょう。

ただ、家族の「変わってしまった」生活や関係のなかにも、10%でも5%でも、あるいは**1%でも、変わっていない部分があるはず**です。**その部分をいかに維持し、いずれ増やしていくか**が、対応の重要な点のひとつと言えます。

私は不登校時代もときどき登校していたわけですが、登下校の際「おはよう」「ばいばい」とクラスメートから声をかけられたとき、とてもうれしかったことを覚えています。

それは、彼らが自分のことを〝ろくに学校に来ない問題児〟としてではなく〝クラスの一員〟として接してくれたことの喜びだったように思います。

ご家族の方々も、本人を〝不登校〟や〝ひきこもり〟あるいは〝二次症状で困らせている人間〟としてではなく、可能なかぎり〝家族の一員〟としての接し方に徹することが大切ではないでしょうか。

つまり、**本人が不登校やひきこもりになる前に接していたように、本人に接するよう心がける**わけです。

たとえ数10％でもそういうことができていれば、時間はかかりますが、本人がだんだん楽になり、いつしか家族に心を開くようになってくることでしょう。

また、本人の状態が悪くてそういう接し方がなかなかできない場合、1週間に1回、あるいは1か月に1回でもできれば、それは有意義な時間として本人の心に積み重ねられていきます。

同じことが、ご家族とご家族以外の人々との間にも言えます。

お子さんが不登校やひきこもりになったとき、ご家族以外の人との関係が変わることも、多くの場合避けられません。

たとえば、家族以外で無理解な人と疎遠になった、会いたくない、などというお話は、親御さんからよく聞かれます。

この場合の「無理解な人」とは、ご家族のことを〝不登校児の家族〟や〝ひきこもりの人の家族〟として接する人なのではないでしょうか。
それだけに、ご家族との接し方が、本人が不登校やひきこもりになる前と変わらない人は貴重な存在ですよね。

このように、ご家族が本人と〝家族の一員〟としての接し方に徹することと同じように、ご家族と従来どおりの〝友人〟〝親戚〟〝ご近所〟としての接し方に徹してくれる人とのつきあいを続けることができれば、本人もご家族も気持ちがずいぶん楽になるはずです。

そこで〝家族の一員〟として本人と接することに話を戻しますと、たとえば、よく出てくる話として、夏休みや正月など長期休暇の際の帰省の話が挙げられます。

「本人はついてくるだろうか」「本人は行かないと言っている」「一緒に行ってきた」「本人は留守番していた」などなど。

帰省する目的は、親御さんにとっては「実家の親（本人にとっては祖父母）や親戚に会うため」「お墓参りするため」などですよね。

あるいは、家族旅行をしてくるご家族、拒絶した本人以外の家族で旅行をしてくるご家族が少なくないでしょう。

家族旅行の目的は「家族で一緒に普段行かない場所に泊まって楽しむこと」ですよね。

帰省は親類縁者との絆を確認する行事ですし、家族旅行は家族全員に楽しい思い出を残します。ただ「それで本人が変われば」とか「何かのきっかけになれば」と願う親御さんもいらっしゃるでしょう。

絆も思い出も、人にとって一生の宝です。それ以上素晴らしい目的があるでしょうか。家族のなかのひとりに別の目的が必要でしょうか。

帰省や旅行についてきた場合も留守番した場合も、本人は気分転換になりますし、もしかすると、それ以上の何かを感じるかもしれません。

しかし、1回の帰省や旅行が本人を変えることはまずありません。あるとすれば、本人に変わり目がきていた場合だけです。

それらを含めどんな経験も、本人を変えることは少ないですが、本人のなかにエネルギーとして蓄積されていくことは間違いありません。

家族にできることは、**エネルギーになる経験、つまり生きる喜びや自己肯定感が得られるような経験を積み重ねるのを手伝う**ことだけかもしれません。でも、それは本人の一生の財産になる立派な対応です。

家族全員でやれることはもちろん、家族以外の人と接したり、ひとりでできることをやったりするときにも、本人は家族の支えを感じていたいと望んでいるのではないでしょうか。

わが子と同じ方向を見る

先に私は「家族が、家庭を基盤に営んでいる生活」を「日常」と表現し、その範囲内での心がけや工夫を持続するだけで、家族関係が良くなって本人がだんだん楽になっていく、というプロセスが可能であることをお話ししました。

また、本人が不登校やひきこもりになる前に接していたように接するよう心がけることを提案しました。

このように家族ができる心がけは多々ありますが、ここで、もうひとつご紹介します。

神奈川県立保健福祉大学教授の小林正稔氏は、親が心がけるべきこととして「親の後ろ姿を見せること」とおっしゃっています。

これは文字通り「わが子をどうするか」ではなく「自分がどう生きるか」を第一に考え、自分の生きざまをしてわが子に何かを感じてもらうということだと思います。

すなわち、自分の人生を楽しく充実したものにしようとしていること、生きる喜びや働く意味を感じていること、でもときには悩み苦しむひとりの人間であること、といったことを、親が日々の生活のなかで示すこと。そういった弱さを含めたありのままの姿こそが、意図的な対応以上によい影響を与えるものだ、ということでしょう。

ところで私は、この言葉をここで勝手に別の視点から解釈しようと思います。

それは**「親御さんがどの方向を見ているか」という視点**です。

「親の後ろ姿を見せる」ということで、本当に後ろ姿を見せている場面を想像してください。このとき親御さんは、わが子と同じ方向を向いていますよね。ということは、親御さんとお子さんが見ている方向も同じであるわけです。

反対に「親の前姿を見せる」という場面を想像してみますと、このとき親御さんは、わが子と向かい合っていますよね。ということは、親御さんとお子さんが見ている方向は逆であるわけです。

……当たり前過ぎてバカバカしいですよね。失礼しました。

しかし、私は決して言葉遊びをしてふざけているのではありません。

不登校やひきこもりの人の親御さんの多くは「何とかしなければ」というまなざしを本人に向けています。

これは、親御さんが本人と正対している（たとえるなら相僕の仕切りをしている）

親の後ろ姿を見せることで、本人に心のゆとりが
生まれ、主体性を取り戻していく。

ような姿勢です。「わが子がとんでもない方向に進んでいるから止めなければ」と、本人に関心を集中しているわけです。

そのため、本人とのやりとりの多くは「親→本人」という一方通行の言動――「対応としての会話」「対応としての行動」――になっています。

反対に「親の後ろ姿を見せる」という姿勢の親御さんは「何とかしなければ」というまなざしを本人に向けていません。

これは、親御さんが本人をときどき振り返って「自分の後ろを歩んでいる」と確認しながら歩んでいる（たとえるならマラソンをしている）ような姿勢です。「人生という道を、自分もわが子も同じ方向に進んでいる」と、ご自分にも本人にも同じように関心を向けているわけです。

そのため、本人とのやりとりの多くは、双方向の言動――「日常会話」「日常的行動」――になっています。

親御さんが前姿を見せていると、本人は親が自分に対決姿勢をとっているように見えますから、親の視線が突き刺さりますし「どう対応されるか」と神経をとがらせる息苦しい毎日です。このような状態のまま対応しても、本人によい影響を与えることは難しいでしょう。

それに対し親御さんが後ろ姿を見せていると、本人は「親は親で生きている」という感じで、自分と距離を置いているように見えますから、親の視線が突き刺さらず、対応に神経をとがらせる必要もないため心にゆとりができます。すると、親の生きざまをよく見るようになり、何かを感じ取っていくと同時に「自分も自分で生きよう」という気持ちが芽生えて主体性を取り戻していくわけです。

要するに、**親御さんがわが子に後ろ姿を見せていると、生きざまをして何かを感じてもらえるだけでなく「個人対個人」という心地よい距離感が生まれ、心が通じ合いやすくなるように思われる**のです。

さて、この「本人と正対するか同じ方向を向くか」というテーマを、「本人との関係のあり方」と言い換えると、次のように表現できます。

私はかねてから、親と子、教師と生徒、カウンセラーとクライアント、などの関係のあり方として「**正対するのではなく、隣に並んで同じ方向を見る**」と提唱しています（教育対策）。

これは私だけの意見ではなく、たとえば横浜市立大学名誉教授の中西新太郎氏は「一緒に夕陽を見る」という表現で同じことを推奨しています。

親子と言えども同時代を生きている同じ人間。そういう共通項を踏まえた関係づくりが、お互いを楽にしていくのではないでしょうか。

第13章　家庭内で果たそうとする役割を見守り、認める

〝お手伝い〟することから始まる歩み

第一部でも少し触れましたが、この章でお話しすることは、不登校やひきこもりの人を支援するうえで、私が前提にすべきと考えていることです。

「角を矯（た）めて牛を殺す」ということわざがあります。ご存知のとおり、これは「小さな問題点を直そうとして、かえって全体をだめにしてしまう」というたとえです。

転じて「本人の現状を必要以上に問題視し、それを解消しようとして、本人の人生全体をないがしろにしてしまう」という危険を回避する考え方と対応を、示して

いきたいと思います。

最初に、「言葉にはしないが、そう思っておられる方が多いだろうこと」を、ひとつ取り上げたいと思います。

それは「家でどんなにいい子であっても、学校・社会に復帰しなければ意味がない」という親御さんの思いです。

不登校やひきこもりのお子さんを持つ親御さんのお話をうかがっていて、印象的なことがあります。

それは「家でいい子である」というケースが少なくないことです。

不登校やひきこもりは、暴力や神経症的行動などの「二次症状」がよく見られるものとされています。

しかしその一方で「家事を頼むとやってくれる」「弟妹の面倒をよく見る」「祖父

母の介護を手伝ってくれる」など、本人が家族のよき一員として生きていることを示すお話をしばしば聞くのです。

この事実は、本人のどんな心理を表しているのでしょうか。

当然のことながら、人の生活には「公」の部分と「私」の部分があります。

「公」の部分は、子どもの場合「学校をはじめとする家庭外の場での生活」であり、おとなの場合「仕事をはじめとする社会的に認められた営み（主婦業やボランティアなど）での生活」とされます。

「私」の部分は、それ以外の生活、たとえば、家族どうしの交流、友だちづきあい、勉強、家の手伝い、趣味、……等々です。

そして「公」の部分を実行することは人としての義務であり、実行していないと「やるべきことをやっていない」「何もしていないに等しい」などと見られます。親御さんをはじめ周囲の人々も、本人をそう見ますし、本人自身もそう思って葛藤していることが、よくあります。

このような状況で「今の自分にできることをする」という発想が生まれる不登校やひきこもりの人がいます。

それは「自分は何もしていない」という負い目と罪悪感の苦しさから少しでも楽になりたい一心ゆえの、窮余の策なのではないでしょうか。

「公」の部分が実行できない本人に実行できることは「私」の部分しかありません。だから「せめて家庭のなかで役に立つことをしよう」という、本人なりの精一杯の姿勢だと思うわけです。

そこには、学校・社会で役に立っていない自分が、家庭で役に立つことで「自分はこの家で生きていていいんだ」と、家族の一員としての存在価値を自己確認しようという、切ない気持ちが働いているように感じるのです。

つまり**本人は、まず「私」の部分を実行することで自己肯定感を取り戻してから「公」の部分を実行する、というプロセスを歩もうとしている**、と考えられるわけです。

それでは、そういう本人に対して、親御さんはどう感じていらっしゃるでしょうか。

「やってくれるのはうれしいんだけど・・・」という複雑なお気持ちではありませんか？

できれば「私」の部分を実行するより、早く「公」の部分を実行できるようになってほしい、そのための訓練を受けてほしい、というのが本音ではないでしょうか。

これは「私」の部分に専念する時期を取り上げてでも、早く学校などの場や社会に復帰させようという対応につながる考え方です。

ひきこもり時代の私は、「公」の部分を実行すること＝仕事を始めることを焦るあまり、実行できない状態のうちから仕事を始めようとしては挫折していました。先を急いで挫折を繰り返したら、ますます自己否定感が深まり、生きる喜びも遠ざかります。

それとは反対に、不登校やひきこもりの人が「私」の部分に専念して家族のよき一員として生きることによって、家庭のなかでの役割を獲得し、その役割における実績を積み重ねることは、自己肯定感や生きる喜びへとつながっていきます。

それを基盤に「公」の部分を実行できるようになるのと、自己肯定感も生きる喜びも抜きに「公」の部分を実行できるようになるのと、どちらのプロセスが本人に豊かな人生をもたらすか、明らかだと思います。

まずは「家庭内で役割を果たす力」を本人の力として認め、大いに発揮してもらいましょう。その力こそ、次のステップで発揮される力の基礎となってくれるのです。

平穏な家庭生活を楽しむ

前項で私は、人の生活を「公」と「私」のふたつの部分に分けることにより、不登校やひきこもりの人が家庭内で役割を果たす心理と力について考えました。すなわち「私」の部分のひとつである「家の手伝い」を実行して、自己肯定感や生きる喜びを取り戻してから「公」の部分を実行できるようになることは、彼らに豊かな人生をもたらす、ということでした。

では、家の手伝いをしない不登校やひきこもりの人には、豊かな人生は望めないのでしょうか。

「家庭内で役割を果たす力」を認められることが、
自己肯定感につながる。

人の生活のうち「私」の部分は、家の手伝い以外にも、家族どうしの交流、友だちづきあい、勉強、趣味などがあります。

これらの多くは家庭内で、または家庭を拠点に行われますので、親御さんのお話をうかがっていると、本人は家の手伝いをするしないにかかわらず、さまざまな言動を示しています。

庭の花が咲いた感動を親と分かち合う、家族旅行に参加して楽しむ、趣味に没頭する、放課後に友だちと遊びに行く、……等々。

学校や社会に出ていないことを除けば、彼らが負い目や苦悩を抱えながらも、平穏な家庭生活を送っていることがうかがわれます。

ところが、このような家庭は好ましくない、という見方をときどき聞きます。

ひきこもりの人の家庭訪問を行っている支援者などのなかには、穏やかな家庭のことを「奇妙な平和が保たれている」と批判する人がいます。

つまり、親御さんが本人を腫れ物にさわるように扱っているために、本人の葛藤がいつまでも表面化しないから穏やかなだけで、本人に変わるきっかけを与えることができない無意味な状態だ、ということなのでしょう。

確かに、親御さんが本人と真剣に向き合おうとしたことで本人の葛藤が表面化すれば、家庭はいったん不穏な状態になるが、そのなかから本人が変わるきっかけをつかむ、というプロセスはありえます。

しかし、すべての家庭（親）がそうあるべき、とは必ずしも思いません。親御さんが本人と真剣に向き合っている結果、平穏な家庭生活を実現している家族も少なくないからです。

もともと、不登校やひきこもりというのは、親御さんをはじめとするご家族には容認できない行動ですから、当初は本人とほかの家族が対立関係になることが多いのが当然です。

この段階では、家族は本人を肯定的に見ることができませんから、前号で述べたような自己肯定感も生きる喜びも、本人は決して感じることはありません。これでは、状態が良くなるはずもありません。

このような状況で「わが子の現状を受け入れ、まずもとの家族関係を取り戻すことから始めよう」と考えるようになる親御さんがいます。

わが子を「学校や職場に通う」以前の「一緒に生きている」「生活を共にしている」存在すなわち〝家族の一員〟として再認識し、そういう最も基本的なレベルでのつきあいに専念するようになるわけです。

すると、本人は家庭のなかで自分の存在が肯定されていることに気づいて気持ちが安定し、家庭は平穏を取り戻します。すると、家族は本人が不登校やひきこもりになる前の良好な関係に戻っていきます。

先に例示した本人の家庭での言動は、このようなプロセスの結果なのです。

私は、親御さんをはじめとするご家族の、そういう努力の積み重ねの上に築かれてきた家庭生活は、有効な支援要因であると考えています。

つまり、平穏な家庭で生活している本人とそうでない本人を比べれば、アドバンテージ（優位）は前者のほうにあるのです。

言い換えれば、前者は後者より、スタート地点が前にあるわけです。

すなわち、不登校やひきこもりの場合、本人はほぼ一日中家庭にいるわけですから、**平穏な家庭は、本人が心を休め、苦悩を軽減することができる〝癒しの空間〟になります。そのような家庭環境に支えられていれば、元気を回復する時期が早まる**ことは想像にかたくありません。

かくいう私は、不登校時代もひきこもり時代も、平穏な家庭と良好な家族関係に支えられることはありませんでした。そのため、先に例示した家庭での言動は、私にはありませんでした。

それでも、不登校時代はときどき登校して学校生活を楽しむことができましたが、ひきこもり時代は公私共ほとんど何もありませんでした。

それが、ひきこもり時代に〝道〟を下りきった〝底つき〟の苦しみと、その末の極端な人生観の変化を招いたわけです。

しかも、「ひきこもり時代は人生の空白だ」という思いをぬぐえません。これは私のトラウマです。

不登校やひきこもりの人が、苦しみすぎず、自分の人生にトラウマを残さないに越したことはありません。そのためには、**家族のかけがえのない一員と認められ、平穏な家庭生活を送る時期が必要**です。

そのような時期を飛ばして学校・社会に復帰すると、本人は自分の人生にポッカリ穴が空いている感覚や、納得できない思いが残り、恨みや怒りを抱えて生きるようになる可能性があります。

まずは、本人を家族のかけがえのない一員と認め、家族全員で平穏な家庭生活を送りましょう。そんな毎日こそ、本人に自己肯定感と生きる喜びを思い起こさせ、豊かな人生の基礎となってくれるのです。

第14章　難しい場面では〝感じるまま〟に対応する

「皮膚感覚」で判断しよう

子どもの言動には、そのまま受け取っていい場合と、そのまま受け取らずに隠れた意味を察しなければならない場合の、ふた通りあります。

すなわち「明日こそ登校する」「テストだけは受ける」などといった発言は、子どもの本心だからそのまま受け取り、実行できなかったときには、発言の真意（この場合は「願望」であること）を理解すればよいこと。

反対に「寝食を忘れてテレビゲームに没頭する」「手を洗うのがやめられない」

などといった〈二次症状〉と呼ばれる行動は、見たまま（怠け／病気）に受け取らずに、隠された意味（これらの場合は、葛藤している自分を支えている）を理解すればよいこと。

このような点を踏まえたうえで子どもと関わっていくことが大切だと思います。

ところが、いざわが子と関わろうとしても、本人が〝よろい（＝世間の常識）〟や〝荷物（＝自分自身のこだわり）〟という、これまで述べてきたような「こだわり」を否定されるのを恐れて、親からの関わりを拒絶すれば、きっかけ探しや切り出すタイミングの発見が困難になります。そんな場合、

「どこで何の話を切り出したらいいかわからない」

「いつも決まり文句がかえってきて堂々めぐりになるだけ」

「こういうことをやったらどう思われるか考えるとできなくなる」

などと打ち明ける親御さんに対して、相談員としての私は、親御さんと一緒にそれ

らについて考えながら「ご自身の皮膚感覚で判断しながらやってみてください」とお勧めすることがよくあります。

人間関係のなかで人は、その場その場で、相手と波長を合わせ、発言や行動もその都度瞬時に判断して行っています。家庭生活も子育ても、その例外ではありません。

では、その「瞬時の判断」の材料となっているのは何でしょうか。それは、科学的な理論や知識などではなく、相手の表情だったり、相手と自分との間に漂っている「空気」だったりするのではないでしょうか。

特に家族（親子）関係には、他者には把握しきれないほど深遠な歴史・経緯があります。そして、その歴史・経緯に培われてきた、この世で唯一無二の「関係」が、それぞれの家族（親子）の間に、独自の「空気」を生み出し、お互いがかもし出す「オーラ」「雰囲気」を、お互いに読み取ることができるわけです。

そこには、**専門的な理論や実践経験ではカバーしきれない、理屈を超えた「皮膚感覚」や「直観」でやっていける領域**があります。

このような「生活の歴史」に培われてきた親子関係に対し、カウンセラーなどの相談員＝専門家と本人との関係は、始まったばかりか、または親御さんからの相談を通じてイメージしているという、間接的なものです。

本人にとっても、自分が不登校やひきこもりであろうがなかろうが、親をはじめとする家族は、日常的な存在であり、生活を共にしているのであり、専門家はそうでない赤の他人です。

前述のとおり、不登校やひきこもりのわが子と関わろうとする親御さんのなかには「何をどう話しかけようか」「こんなことをしたらどうなるか」などと、判断に迷う方がよくおられます。そんなとき、専門家に相談すれば、教科書的な意見や指示は必ず返ってきます。

もちろんそれらは、ある程度の確率で有効でしょう。しかし、不登校の子もひきこもりの人も、毎日同じ心理状態であるとはかぎりません。ある日は言っていいこともある日は言ってはいけない、などということはいくらでもあります。

指示を受けなくても、帰宅すれば、目の前にわが子がいて、その表情や発しているオーラを読み取り、わが子と自分との間に漂っている空気を嗅ぎ取ることができます。これこそ〝生きた判断材料〟です。

本人に何を言ったら、したらよいか（いけないか）は、親御さんと本人が一緒にいる「ひとつ屋根の下」という場所で、そこを流れる「空気」を感じることによって判断できるはずです。

たとえば「空気が軽い」「子どもの雰囲気がいい」などと感じた場合は「GO（行け）」ですし「空気が重い」「（親御さんご自身が）何となく気持ち悪い」などと感じた場合は「WAIT（待て）」です。

まさに、判断材料は親御さんご自身の「皮膚感覚」なのです。「こう言うべき」「こうするべき」という義務感やノウハウからちょっと離れて、感じるままにわが子と関わっていきませんか。

幸せは、親子で笑い合った数に比例する

「私（たち）がいなくなったらどうなるのでしょう」

年齢の高いひきこもりの人の親御さんは高齢ですから、お子さんの行く末をこのように心配されていることでしょう。事実この言葉は、親の会などでよく聞かれます。

親御さんのさまざまな言葉に意見を返している私も、これを言われると返す言葉が見つかりません。もちろん、これから意見を申し上げますが「何を言っても気休めにしか聞こえないだろう」という忸怩（じくじ）たる思いがあります。

それは、この言葉が正論だからです。親である以上、そういうふうに心配して当然ですし「大丈夫。必ず社会に出られるようになる」などと、将来を予言するような励ましを言っても、リアリティを感じていただくことができないことは、私にもよくわかっています。

現代社会は、それほどまでにブランクのある若者に冷たい社会ですから。

そう認識しながらも、あえて私がコメントするとすれば、次のようになります。

親御さんの、自分（たち）がいなくなったあとのお子さんの行く末へのご心配の内容は、大まかに言って次の三点ではないでしょうか。

1．親無しで社会参加できるようになるのか。
2．社会参加できるようになるまで、誰が経済的な面倒を見るのか。
3．社会参加できるようになったとして、就職口があるのか。

しかし、よく考えると、これらはすべて社会の側の課題であることに気づきます。一点目は支援システムの充実、二点目は社会保障制度の運用、三点目は企業社会の柔軟性、という課題に行き着くのです。

言い換えれば、ひきこもりの人に対するこれらの課題への取り組みが進めば進むほど、誰にとっても生きやすい社会になっていきます。その意味でも、ひきこもりの人だからということではなく、誰でも生きやすい社会を実現する一環として、ひきこもりの人に社会が対応することの重要性を、現代人は認識する必要があると私は考えています。

「そうは言っても……」ということですよね。

社会が進歩するまで何年かかるのか。それまでの間、わが子はどうなるのか。あるいは、社会保障のお世話になるような、みじめな人生を送ることになってしまうのか。

親というのは「自分が生きている間に、わが子に一人前になってほしい」「わが子がまともに生きていけることを見届けるまでは死ねない」などとお考えになるものだと思います。

この思いを私なりに翻訳させていただくなら「親が生きている間に結果を出してほしい」ということになるのではないでしょうか。

「結果を出す」というのは無味乾燥な表現ですが、学校を卒業する、就職する、あるいはそこまで行かなくても、せめて他人の中に入っていけるようになる、外出できるようになる、……など〝精一杯譲歩しながらの切なる願い〟を指しています。

ただ、そのことは、お子さん自身もよくわかっていると思います。

本人は常に「何かしなければ」と焦っていますし、その気持ちの背景には「親が健在なうちに」という要素も含まれていることが多いはずです。

しかし、本人が計画的に「あと何年で結果を出す」と決められるものではありませんし、支援者が強制すれば実現するものでもありません。

本人がいつ「結果を出す」かは、誰にも予想できない、極論すれば、〝神のみぞ知る〟

というレベルの事柄です。

ただし「親が生きている間に結果を出す」ことにこだわらなければ、現在の親御さんの対応によって、わが子の行く末に良い影響を与えることは可能です。

それはどういう対応なのか。いささかロマンチックに過ぎるというそしりを覚悟の上で、私の考えを申し上げます。

家庭のなかで、小さなことでもいいから喜びや楽しさを見つけて本人と笑い合う、そんな楽しい生活を、最後の最後までやり抜くことです。

楽しい生活は「生きる喜び」という栄養になります。それはお子さんの心身にも蓄積され、将来ひとりになったとき、生きるエネルギーとして使われ始めるのです。

私はこのことを、次のような〝法則〟として端的にまとめています。

小さなことでもいいから喜びや楽しさを見つけて、
家族で笑い合おう。

親亡きあと、本人が幸せに向かってしっかり生きていけるかどうかは、親子で生活していたときの、本人の笑顔の数に比例する。

現在のお子さんとの生活で、お子さんが笑顔をたくさん見せるほど、将来ひとりになったとき、前向きに生きる力がより多く蓄えられていくのです。

第15章　不登校・ひきこもりが終わるとき

心は不死鳥のように生まれ変わる

これまで、不登校とひきこもりを〝出口の見えない暗いトンネル〟ととらえ語ってきました。ではそのようなかたちでの〝トンネルを抜ける〟、すなわち、不登校とひきこもりが〝終わる〟とはどういうことでしょうか。

最後の章では、不登校とひきこもりが〝終わる〟瞬間を描きながら、その意味や「終わらせ方はあるのか」というあたりについて、私の意見を述べたいと思います。

第8章でお話ししたように、私はかつて、不登校もひきこもりもやり、両方を終わらせてきています。そこで、ここでは私の〝終わり方〟に絞って、さらに詳しくお話ししましょう。

●

＊不登校の〝終わり方〟

（高校入学半年後から不登校になり、すでに3回留年していた高校4年目）

――この年、回復への意欲が出てきて、何とか立ち直ろうともがいて、進級まであと一歩のところまで出席日数を積み重ねたものの、結局崩れて、今度こそ退学だろうという切迫した事態に直面したとき、学校価値に囚われていた人生観が〝グルッ〟と転回して、人として本当に大切なものに気づいたとき、私はもがくのをやめた。

――「学校とは関係なく、このままでは自分がだめになる」という危機感に心が揺さぶられた次の瞬間「この学校を卒業するなんてことは、人生の目標としては小さすぎる」という、いまにしてみればごくあたりまえの考えがひらめき、続いて「退学しても、精神的に成長しながら元気で生きていこう！」と、希望に満ちた気持ちで決心がついた。

――すると、目の前がパーッと開けたような明るさと、からだの中からこんこんと湧き出るエネルギーが感じられた。心が澄み切っていて、何とも言えない、神秘的な境地だった。

＊ひきこもりの〝終わり方〟

（大学卒業1年後からひきこもりになり、その数年後）

――ひきこもりに終止符を打つべく就職を模索したのに、すでに手遅れだったという思いが、自分が存在価値のない人間だという絶望感に、私を突き落とした。

それはまさに「万策尽き果てた」という感覚だった。

――「死」が身近に感じられるほどだった。

――そんなある日、私の頭に、こんな考えが浮かぶようになった。

「自分はもうどうなっても構わない。ホームレスになろうと、人知れず死のうと、みんなが自分のことを忘れようと、何とも思わない。野性動物は、誰に知られて生きるわけでもなければ、死んでからも誰かに覚えられてはいない。自分も野性動物のように、自然のままに生き自然のままに死ねればそれでいい。」

何日間かそんなことを考えているうち、絶望の苦しみがだんだん軽くなっていくのが感じられるようになった。

このように、私の場合、不登校のときもひきこもりのときも、その終わり方は「どん底まで落ちてから」「生きる希望を失うくらいの境地にいたってから」「突然人生観が変わって楽になった」といった共通点があります。

ここまでお読みいただいて「これは〈底つき〉だな」と思った方もいらっしゃると思います。たとえば、アルコール依存症の人が、家族に逃げられ、自己破産し、肝臓を病み、といった、絶望的な状態に落ち込むことを〈底つき〉と言います。これは、依存症が終わるきっかけになるプロセスですが、私の不登校とひきこもりが終わるプロセスも、確かにそれと似ています。

「そこまで落ちてから、あっと言う間に人生観が変わって楽になり、元気になる、ということが本当にあるのか」と思われる方もいらっしゃるでしょう。そのことについて話します。

神話に出てくる「フェニックス」という鳥の名前をご存じかと思います。５００年に一度、自ら香木を積み重ねて火をつけ、炎のなかに飛び込んで灰になる。そして、灰のなかから幼鳥としてよみがえる、というやつですね。

つまり、死んでも死んでも生まれ変わる「不死鳥」なわけです。

人の心も、同じだと思うのです。「心が死ぬ」「心が生まれ変わる」というのはわかりにくい表現かもしれません。でも、ほんとうにそうとしか表現できないのです。

「もうだめだ」「もう生きていけない」という〝絶望の炎〟に心が焼き尽くされたとき、その灰が再び新しい心になってよみがえるのです。

たとえば私の場合は、不登校とひきこもりの最後に「今の人生が破綻した」という絶望感に打ちひしがれたわけですが、この出来事は、象徴的に「それまでの自分が死んだ」と表現できるものです（こう表現して初めて「君の不登校が終わった理

“絶望の炎”に心が焼き尽くされたとき、その灰が
再び新しい心になってよみがえる。

由が理解できた」とおっしゃった方がいます）。

そして、生まれ変わった新しい自分は、大空に飛び立つ鳥のように、若々しいエネルギーに満ちあふれ、イキイキと生きるようになるわけです。

「命」という出発点に立ち返る

前述のとおり、私の不登校とひきこもりの〝終わり方〟は、依存症者などにしばしば見られる〈底つき〉と呼ばれるプロセスと共通しています。つまり「私のような〝終わり方〟は特殊なプロセスではない」ということです。

事実、不登校やひきこもりを経験した、本人やその家族の証言や手記などには、私の場合と同じように、徹底的に追いつめられたことがきっかけとなって動き出したプロセスが、ときどき出てきます。

たとえば「自室に閉じこもって、家族と顔を合わせないように生活していたが、拒食症になっていたため、体調が悪化して初めて家族に助けを求めた」とか「ここで逃げたら、一生現実逃避の人生になってしまう。命がけなら怖いものなしだ、と腹をくくった」とか。

これらのきっかけに共通しているのは、それまで自分の頭の中を占めていた思考の出発点――登校・就職をするかしないか――が、それよりもっと本質的な出発点に取って代わられた、という点です。そして多くの場合「本質的な出発点」とは「命」ということであるように思います。

不登校やひきこもりが、どうして「命」という出発点に立ち返ることによって終わるのでしょうか。

前項で私は、自分が不登校やひきこもりを終えるきっかけになった気持ちの変化を、次のように再録しました。

――「学校とは関係なく、このままでは自分がだめになる」という危機感に心が揺さぶられた次の瞬間……（不登校のとき）

――「死」が身近に感じられるほどだった……（ひきこもりのとき）

あとから思えば、自分のこのような変化は「身の危険を肌で感じた」というものだったと、私は考えています。

しかし現在、国内に戦場はなく、飢餓もまだ多くありません。そのうえ、私は不治の病にかかっていたわけでも障がい者だったわけでもありません。だから多くの方は「身の危険なんかなかったはずじゃないか」と疑問をお持ちになることでしょう。

ところが、そのような現実的な身の危険や「生死」に直面していなくても、人は象徴的な意味で「身の危険」や「生死」を実感することがあるのです。

それは現実のものではなく、感覚上のものです。しかしそれでも、人に立ち上がる力を与えるにじゅうぶんな場合があるわけです。

本人は、不登校やひきこもりになってもなお、それまで持っていた常識や自己像を守りながら〝立ち直ろう〟とします。しかしそれも、長期化するにつれ、自分の現実とのギャップがますます大きくなり、常識や自己像が自分からはぎ取られていきます。

そしてついには、それらがすべてはぎ取られ、ありのままの自分、身の丈どおりの自分を受け入れざるを得なくなります。この状態を私は「精神的に裸になった」

と呼んでいます。ここにいたって「自分の命」にじかに触れたような身体感覚が生じ「自分に残されたものは自分の命しかない」という境地（仏教でいう「諦観」のようなものでしょうか）にいたるわけです。

そうなったときすでに、本人の思考は「自分の命」というところから出発しています。そのため**「常識」とか「あるべき自分」といった〝つくられた〟ものではなく「自分の命」という〝もともとあったもの〟を基準に、物事を感じ、行動に反映させるようになる**のです。

たとえば、自力で解決しようとしていたのが、他者に素直に助けを求めるようになる、セオリーにこだわっていたのが、破れかぶれになって行動するようになる、抑えていた自分の欲求に従って人生の選択を行うようになる、といった変化が起こります。

常識に従う、社会に適応する、そういうエネルギーではなく、自分に本当に必要なことを得るためのエネルギーが生まれるわけです。

このように考えると、死を身近に感じたとき、心は生まれ変わるのではないでしょうか。ただしそれは、不登校やひきこもりなど、ひとり静かに感じたり考えたり苦しんだりする、そういう時間と空間を持っていれば、という条件がつくかもしれません。

また、そこまで落ち込んでから不登校やひきこもりが終わるためには、本人のなかに、何らかの支え——希望を感じる事柄とか理解者の存在とか——があることが不可欠のような気がします（私もそうでした）。

さて、ここまで、どん底まで落ちてから、突き抜けるようにして不登校やひきこもりが終わる、そういう〝終わり方〟についてお話ししてきました。ただし、このような〝終わり方〟は少数でしょうし、私自身も「そうあるべきだ」と言いたいわけではありません。

「不登校やひきこもりは、そこまで落ちても終わるものなのだ」ということをお伝えしたかっただけです。

ドラマ「救命病棟24時」のなかで、「人は倒れたままではいられないのです」と新藤医師（主演：江口洋介）は言いました。

私がお伝えしたいのは、まさにこのことなのです。

さて、そうは言っても、多数なのはもっとゆるやかな終わり方（〈底つき〉ほどの落ち込みにまでいたらずに元気を取り戻す）、または、ひきこもりの場合、終わらないままの人生（「まだ終わっていない」と言う経験者は少なからずいるようです）、でしょう。

そこで、そのようなプロセスと、これまでお話しした終わり方とを対比しながら「不登校やひきこもりの終わらせ方はあるのか」という点について考えます。

2種類の〝終わり方〟――ハードランディングとソフトランディング

前項をお読みになって「自分（の子）の場合とはぜんぜん違う」「そこまで落ちないと不登校やひきこもりは終わらないのか？」などと違和感を感じた方が少なくないと思います。

そこで最後に、私のようなケースとそうでないケースを、比喩を用いて比較してみましょう。

飛行機の着陸の仕方で「ハードランディング」と「ソフトランディング」という用語をご存じだと思います。前者は強行着陸＝減速せずに激突して着陸すること、